AVENTURES

D'UN

GAMIN DE PARIS

AU PAYS DES BISONS

PAR

LOUIS BOUSSENARD

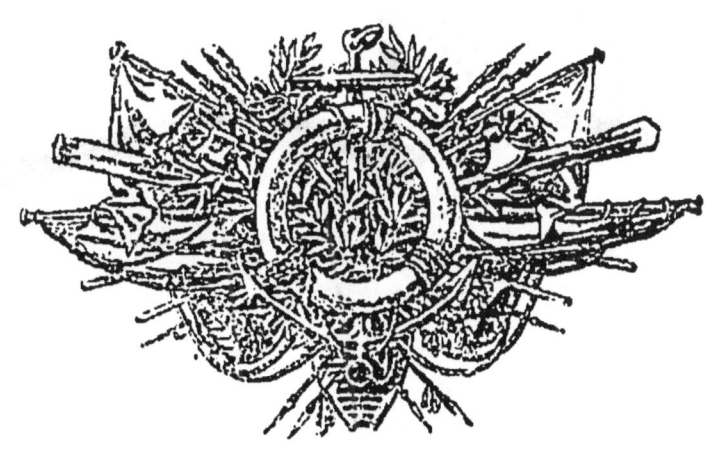

PARIS

A LA LIBRAIRIE ILLUSTRÉE

8, RUE SAINT-JOSEPH 8

Tous droits réservés.

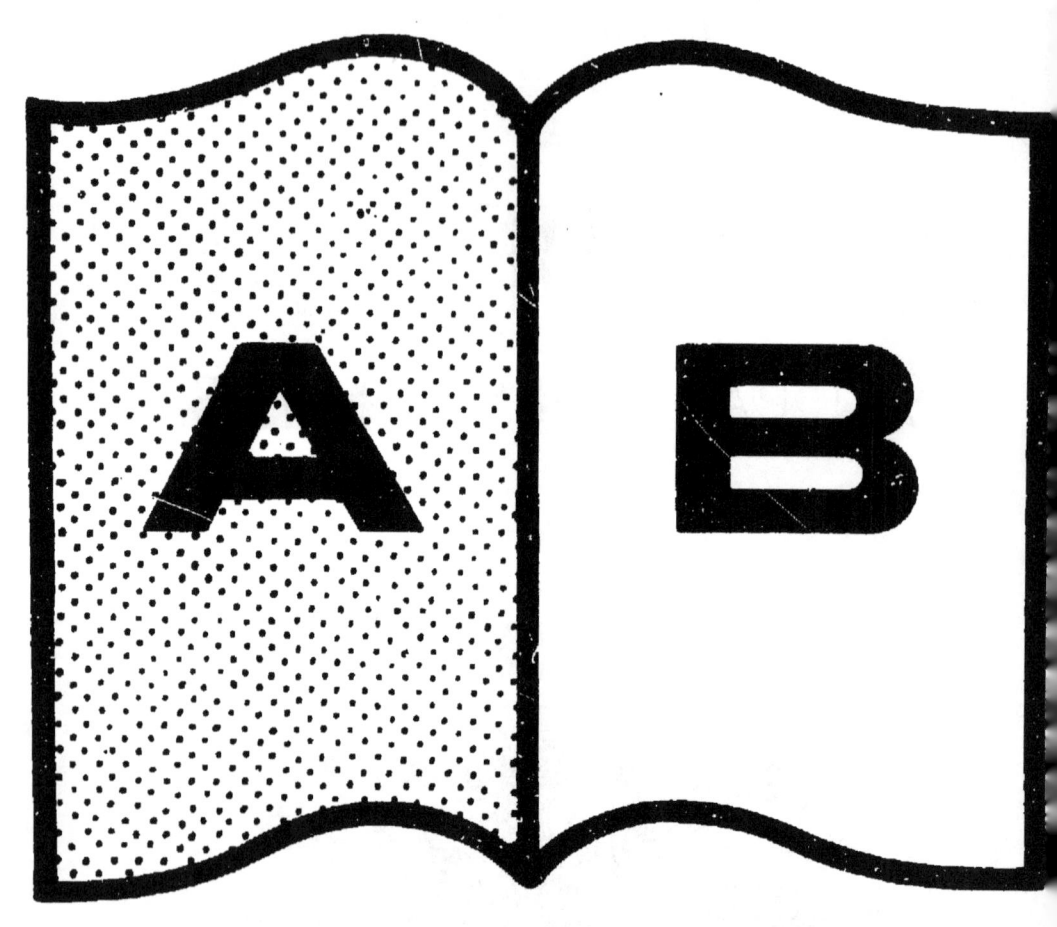

Contraste insuffisant

NF Z 43-120-14

BIBLIOTHÈQUE DES GRANDES AVENTURES

Chaque volume in-18 jésus, orné de plusieurs dessins.

OUVRAGES DU MÊME AUTEUR

LE TOUR DU MONDE D'UN GAMIN DE PARIS

LE TIGRE BLANC
LE SECRET DE L'OR
LES MYSTÈRES DE LA FORÊT VIERGE

LES AVENTURES D'UN GAMIN DE PARIS EN OCÉANIE
LE SULTAN DE BORNÉO
LES PIRATES DES CHAMPS D'OR

AVENTURES PÉRILLEUSES DE TROIS FRANÇAIS
AU PAYS DES DIAMANTS
LE TRÉSOR DES ROIS CAFRES
LES DRAMES DE L'AFRIQUE AUSTRALE

DE PARIS AU BRÉSIL PAR TERRE
AVENTURES D'UN HÉRITIER A TRAVERS LE MONDE
2,000 LIEUES A TRAVERS L'AMÉRIQUE DU SUD

AVENTURES D'UN GAMIN DE PARIS AU PAYS DES LIONS
AVENTURES D'UN GAMIN DE PARIS AU PAYS DES TIGRES
AVENTURES D'UN GAMIN DE PARIS AU PAYS DES BISONS

LES MYSTÈRES DE LA GUYANE

LES SECRETS DE MONSIEUR SYNTHÈSE

ÉMILE COLIN — IMPRIMERIE DE LAGNY

AVENTURES
D'UN
GAMIN DE PARIS
AU
PAYS DES BISONS

ÉMILE COLIN. — IMPRIMERIE DE LAGNY

Seul, le chariot dresse sa lourde masse. (Page 18.)

AVENTURES

D'UN

GAMIN DE PARIS

AU

PAYS DES BISONS

PAR

LOUIS BOUSSENARD

PARIS
A LA LIBRAIRIE ILLUSTRÉE
8, RUE SAINT-JOSEPH, 8
—
Tous droits réservés

AVENTURES D'UN GAMIN DE PARIS[1]

AU

PAYS DES BISONS

CHAPITRE PREMIER

Conséquences probables du meurtre d'un Peau-Rouge. — Chasseurs de bisons devenus gibier. — Le « colonel » Bill. — Au galop ! — Colonel et vacher tout à la fois. — Ce que c'est qu'un *cow-boy*. — La vie des pionniers d'avant-garde. — Chevaux sans cavaliers. — Friquet ouvre l'œil et passe capitaine. — Le Gamin de Paris refuse les honneurs et veut rester Monsieur Friquet. — Mais André ne peut s'empêcher de devenir major. — Le nouvel armement des Indiens de l'Ouest Américain. — Horrible spectacle.

La détonation aiguë d'un revolver éclate soudain sous un bouquet d'arbres isolé au milieu de la plaine. Un Indien tombe, le crâne fracassé.

— A cheval !... gentlemen, à cheval !... s'écrie d'une voix retentissante l'homme qui vient de faire feu.

(1) L'épisode qui précède a pour titre : *Aventures d'un Gamin de Paris au Pays des Tigres*, 1 vol.

Ses deux compagnons accroupis sur le sol, au moment de cette agression inattendue, se sont levés précipitamment.

Ils s'élancent d'un bond vers leurs chevaux, attachés tous trois au tronc grêle d'un mimosa, et se mettent en devoir d'enlever, le plus vite possible, les longes de cuir qui les retiennent.

— En selle! et laissez-moi faire, reprend l'homme.

A peine ont-ils le temps d'enjamber chacun leur monture et de chausser les étriers, qu'il tranche en trois coups rapides de son bowie-knife les trois courroies, saisit sa bête aux crins, pousse un cri strident et se trouve en selle par une voltige exécutée en écuyer consommé.

Les chevaux, excités par ce cri bien connu, partent à fond de train à travers les herbes, pendant que les Indiens laissent échapper un long hurlement de désappointement et de fureur.

En même temps quelques coups de carabine retentissent, mais les balles, heureusement mal dirigées, passent en sifflant au-dessus de la tête des cavaliers.

Ceux-ci, par un geste machinal, mettent la main au Winchester à répétition qu'ils portent accroché à l'arçon.

— En avant !... continue de sa voix de clairon leur conducteur qui a pris la tête.

« Laissez vos armes en repos.

« Batailler serait folie !...

« Ne perdons pas une seconde, et en avant !... si vous tenez à vos chevelures.

— Il est bon, celui-là, interrompt un des fugitifs auquel ce silence paraît peser, j't'écoute que nous y tenons, à nos perruques.

« Avec ça que les fabricants de postiches sont loin d'ici et que ça nuirait à nos avantages personnels, de nous en aller le crâne tout nu.

— Ces Français rient de tout, grommelle d'un air de mauvaise humeur le premier personnage, que son affreux accent nasal fait aussitôt reconnaître pour un Américain pur sang.

— Vous croyez que je ris...

« ... Pas plus envie que de m'en aller à pied jusqu'au Groenland.

« D'autant plus que l'aventure n'est pas drôle, pour nos débuts sur le libre territoire de l'Union américaine !

« Halte-là !... Cocote, dit-il à son cheval qui vient de faire un écart, pas d'embardées...

« Nous arrivons ici en bons chasseurs pas trop naïfs, mais un peu gobeurs pour chasser le bison, et crac!... voilà un homme mort et les chasseurs devenus gibier.

« Voyons, m'sieu André, n'est-ce pas un vrai guignon?

— Tu as parfaitement raison, mon pauvre Friquet, et je trouve en outre que l'honorable master Bill a eu la main un peu leste.

— Le colonel Bill... rectifia le Yankee.

— Le colonel, soit!

« Peste! l'existence d'un homme est peu de chose pour vous, paraît-il.

— D'abord, ce n'est qu'une vermine de Peau-Rouge, dit-il avec cette expression de mépris écrasant que manifeste pour l'Indien l'Américain du Nord.

— C'est peut-être une raison essentielle pour un ancien chef de la milice américaine, mais elle est absolument insuffisante pour des voyageurs français qui n'ont même pas été caporaux dans la garde nationale.

— Il était en outre, de son vivant, le plus enragé voleur de chevaux de tout le territoire, et vous savez, ou vous ne savez pas qu'un Peau-Rouge voleur de chevaux est capable de tous les crimes.

« De plus, lui seul peut avoir scalpé, il n'y a pas encore deux mois, une famille entière d'émigrants irlandais, composée du père, de la mère et de huit enfants !...

— Vous m'en direz tant !

— Enfin, si vous aviez vu comme moi les regards de convoitise qu'il lançait sur nos montures et sur nos armes, si vous aviez entendu les ordres donnés à voix basse à ses compagnons, vous trouveriez mon acte tout naturel.

« Nous étions bel et bien tombés dans un traquenard dont le hasard seul m'a fait deviner la présence.

— Quoi qu'il en soit, nous voici avec une meute de Peaux-Rouges collés à notre piste...

— Ni plus ni moins que les héros des livres de Cooper, du capitaine Mayne-Reid et de notre compatriote Gustave Aimard...

— Avec la poésie et la couleur en moins.

« Je ne trouve rien de banal comme ces Indiens fagotés de haillons civilisés, affublés de chapeaux défoncés et de pantalons sans fond.

— Et cette lande sablonneuse sur laquelle nous galopons à perdre haleine, au point que nous sommes forcés de crier comme des aveugles pour nous communiquer nos pensées, est-elle assez terne dans sa stérile monotonie...

— Les coquins sont en loques, mais ils ont

comme nous des Winchester, reprit le colonel en homme pratique.

« Heureusement qu'ils tirent mal.

« Quant à cette plaine, je voudrais bien qu'elle s'étendît encore à vingt milles devant nous.

« Nous allons arriver bientôt à la « Prairie ». Il y a là des herbes et des fleurs éblouissantes...

« C'est très joli comme coup d'œil, mais on peut y être rôtis comme des poulets.

— Vous parlez d'or, colonel.

« Mais, contre toute présomption, il me semble que nous ne sommes pas poursuivis.

« Si nous faisions souffler un peu nos chevaux pour les reposer de cette course enragée?

Le Yankee se retourna, se haussa sur ses étriers, inventoria minutieusement la plaine, et ajouta :

— J'aimerais mieux voir ces vermines galoper à nos trousses comme des furieux.

« Je soupçonne là-dessous quelque diablerie.

« Ralentissons notre allure et gagnons les hautes herbes.

Le colonel, à ces mots, tire de sa poche un volumineux cylindre de tabac « en carotte », en déroule un morceau long de dix centimètres, le sectionne d'un coup de dents, l'insinue sous sa joue et se met à le mastiquer avec une sensualité que rien ne semble justifier, mais qui, parait-il, constitue pour les Américains en général une véritable grâce d'état.

C'est un homme de haute taille, maigre et pourtant vigoureusement charpenté. Sa figure aux traits énergiques, mais froids et durs, ses yeux clairs, mobiles, aux gros sourcils charbonnés, sa bouche aux coins tombants, sa longue barbe tannée, roussie par les alternatives de soleil et de pluie, lui donnent un aspect fort peu sympathique à première vue.

Quant à son équipement, un homme à idées préconçues, ou simplement imbu des préjugés de l'ancien monde, le regarderait comme étant susceptible de couvrir le plus éhonté gentilhomme de grands chemins, plutôt qu'un honnête citoyen de l'Union américaine.

En effet, le colonel, avec son large feutre gris bossué, ravagé, que sa ganse d'or effiloquée rend plus minable encore, sa chemise de laine rouge, son pantalon indien en cuir fauve orné de franges sur toutes les coutures, ses bottes monumentales chaussées d'éperons mexicains larges comme des soucoupes, sa ceinture garnie de deux revolvers Colt, son grand couteau, sa carabine Winchester à répétition, a véritablement l'aspect d'un bandit accompli.

Nonobstant son titre de colonel, auquel il paraît tenir autant qu'à sa propre existence, Mr. Bill est un simple *cow-boy* (vacher).

Mais, hâtons-nous de dire que cette appellation ne doit impliquer en aucune façon, dans l'esprit du lecteur, l'idée d'une fonction pastorale, telle que l'ont remplie avec leur incomparable majesté les patriarches de la Bible, et telle que la remplissent encore, avec leur terre-à-terre d'hommes salariés, les pacifiques auxiliaires de nos exploitations agricoles.

Les vachers américains sont de terribles hommes, et l'on serait souvent fort embarrassé de dire où finit en eux l'honnête travailleur et où commence le sacripant.

Un de nos compatriotes, qui a raconté avec infiniment d'esprit un récent voyage aux Montagnes Rocheuses (1), M. le baron de Grancey, ne nous laisse guère d'illusion sur le compte de ces redoutables pasteurs auxquels sont confiés les immenses troupeaux de l'Ouest Américain.

Ils sont une véritable plaie pour ces régions de l'Ouest encore à peine peuplées, où s'avancent peu à peu le colon et l'émigrant et où

(1) *Dans les Montagnes Rocheuses*, chez MM. Plon, Nourrit et Cie, 10, rue Garancière, Paris.

s'improvisent des stations et des bourgades qui deviendront des villes. Toujours sur cette zone indéfinie qui n'est plus tout à fait sauvage, mais qui n'est pas encore civilisée, ils mènent l'existence enragée de l'aventurier n'ayant plus rien à perdre, dont la vie se partage entre un travail excessif et des plaisirs désordonnés.

Recrutés parmi tous les désœuvrés, ou plutôt parmi tous les déclassés qui fourmillent dans les énormes cités du Nouveau-Monde, ayant pour la plupart un compte à régler avec la justice américaine, pourtant peu susceptible d'un excès de pruderie, incapables en outre de s'astreindre au travail des mines ou des fermes, ils sont venus offrir leurs services aux *ranchmen* (éleveurs).

On ne leur demande ni ce qu'ils sont, ni d'où ils viennent, pourvu qu'ils puissent rester à cheval dix heures par jour et se contenter de l'ordinaire déplorable dont le lard salé et la farine trop souvent gâtée forment le fond invariable.

On leur fournit à chacun six chevaux, douze cents têtes de bétail à garder entre cinq, des armes pour se défendre, un chariot pour transporter leurs vivres, et puis : go ahead !...

Toujours à cheval du matin au soir, circulant au petit galop sur les flancs du troupeau pour empêcher les bêtes de s'attarder, de s'égarer ou de se mêler aux troupeaux étrangers, ne s'arrêtant que pour changer de monture quand la leur est trop fatiguée, forcés de veiller deux nuits sur cinq, couchant à la belle étoile, vivant à la diable, et touchant au bout du mois, pour ce travail surhumain, la modique somme de quarante dollars — deux cents francs — il n'est pas étonnant qu'ils célèbrent par de monumentales orgies le jour de l'émargement.

Alors seulement ils se rapprochent des bourgades ou des villes en voie de formation, y apportent leur brutalité de sauvages blancs toujours en guerre avec les Indiens, et deviennent la terreur des habitants qui, d'ailleurs, les pillent et les rançonnent à merci, après les avoir intoxiqués de leurs drogues malsaines.

Les journaux sont pleins de leurs prouesses, et il n'est pour ainsi dire pas de semaine où ils ne réalisent quelqu'une de ces monstrueuses fantaisies de buveurs affolés, qui font penser aux exploits de l'équipage de la *Salamandre*.

De temps en temps, on apprend que des cowboys mis en belle humeur par de formidables lampées de wisky, se sont emparés d'une petite ville de la frontière et l'ont simplement pillée de fond en comble, ou que pris d'un subit accès de gaîté, ils ont réuni les habitants sur la place et les ont forcés à danser devant eux des heures entières, en envoyant des balles de revolver dans les mollets de ceux qui manquaient d'entrain ou d'agilité.

Telle est la monnaie courante de leurs facéties, jusqu'à ce que, un beau jour, les citadins fatigués de ces plaisanteries un peu hasardées, se forment en comité de vigilance. Ils prennent au hasard une demi-douzaine de cow-boys et les accrochent au premier arbre susceptible de former une potence. L'exemple n'est perdu pour personne, et les autres s'en vont à la recherche d'endroits où il est possible de s'amuser sans courir de pareils risques.

Tel est le vacher américain, représenté, dans le cas présent, par ce personnage qui se fait appeler le colonel Bill.

Quant à ses deux compagnons, leur personnalité est suffisamment connue de ceux qui ont lu les *Aventures d'un Gamin de Paris au pays des Lions*, pour qu'il soit besoin de la définir à nouveau.

Arrivés à la limite des hautes herbes, les trois hommes s'arrêtent complètement et inspectent attentivement l'espace qu'ils viennent de parcourir.

Ils sont déjà loin du lieu où l'Indien a succombé, et leurs yeux ne découvrent aucun indice alarmant. Ils aperçoivent seulement une vingtaine de chevaux paissant en liberté, en avant du bouquet feuillu formant une tache sombre sur les herbes courtes servant, en quelque sorte, de transition entre la plaine de sable qui s'étale au loin, comme une mer aux flots jaunes, et la prairie constellée de fleurs éblouissantes.

Le colonel rumine son tabac, envoie de longs jets de salive et demeure rigide comme une statue équestre, mais visiblement intrigué.

Friquet, de son côté, darde son regard aigu sur les chevaux et trouve au moins singulières leurs allures, qui sembleraient parfaitement naturelles à un observateur superficiel.

— Voyez donc, m'sieu André, dit-il à son ami, comme ces animaux semblent obéir intelligemment à un mot d'ordre.

« Au lieu de batifoler comme ils en ont l'habitude, de caracoler sans pour cela s'écarter beaucoup du campement, ne dirait-on pas qu'ils s'alignent à droite et à gauche, de façon à former un vaste croissant.

— Tu as, pardieu ! bien raison.

— Ah ! j'y suis, cette fois, et j'évente le truc.

« Ces chevaux ont chacun leur cavalier.

« Tenez, je viens d'apercevoir la jambe fauve d'un pantalon de cuir former un instant comme une tache, sur la robe de ce cheval blanc qui trottine à un demi-kilomètre.

« J'ai vu les Peaux-Rouges de la Pampa Argentine se livrer à ces petites acrobaties.

— Vous avez de bons yeux, capitaine, s'écrie en même temps l'Américain.

— Hein !... capitaine ?... moi ?...

« Capitaine de quoi donc ? s'il vous plaît...

Puis, il ajoute en français, après s'être tourné vers André :

— Ce militaire de haute fantaisie est tout simplement épique.

« Nous l'avons comme guide, comme homme à gages, je dirai presque comme domestique, et il daigne m'élever au grade de simple capitaine, tandis qu'il se goberge avec son titre de colonel...

« De façon que non seulement je ne suis pas l'égal de notre employé, mais encore je serais virtuellement son inférieur.

« Elle est jolie, la démocratie américaine !...

— Mais, capitaine... reprend le Yankee.

— Master Friquet tout court... sans grade, ni titre, ni particule, interrompt le jeune homme.

— Mr. Friquet... je le veux bien, continue le cow-boy sans comprendre comment on dédaigne ce grade qui peut conduire son titulaire à obtenir au choix, et par le même procédé, celui de major ou de colonel.

« Vous connaissez les ruses de ces vermines, et je suis de votre avis.

— M'sieu André, vous n'avez pas votre pareil pour envoyer un coup de carabine.

« Sans vous commander, si vous essayiez de « dégoter » ce cheval blanc...

« Ceux du centre ne sont guère qu'à six cents mètres.

— Pour te faire plaisir et pour l'honneur du pavillon, je vais essayer, répond le jeune homme en épaulant son Winchester sans quitter sa selle.

L'arme resta deux secondes immobile, le canon s'empanacha d'un flocon de fumée et la détonation retentit.

Puis, l'animal qu'avait signalé Friquet fit, après un temps fort appréciable nécessité par le trajet de la balle, une pointe terrible, se dressa sur les pieds de derrière, battit l'air de ceux de devant, et s'abattit lourdement de côté.

Son cavalier, qui se dissimulait derrière son flanc gauche, en se tenant accroché aux crins et à l'étrier, avait déjà mis pied à terre et s'était prudemment aplati derrière le cadavre palpitant.

— Pétard !... comme c'est envoyé! fit le Parisien enthousiasmé.

— Bravo! major, s'écria le cow-boy en applaudissant chaleureusement à la rectitude merveilleuse de ce beau coup.

— Bon ! reprit Friquet, il y tient.

« Vous voilà major !

« Voyons, puisque ça vous coûte si peu, pourquoi ne nommez-vous pas d'emblée général monsieur André, en sa qualité de chef de l'expédition?

« Car enfin, tout colonel que vous êtes, je ne réponds pas que vous en feriez autant.

Un incident qui n'avait rien d'imprévu, dispensa le colonel d'une réponse probablement embarrassante.

Les Indiens, se voyant découverts, ont accueilli par une clameur furibonde la chute du cheval.

Dédaignant alors tout subterfuge, ils reprennent, avec leur agilité de clowns, la position normale du cavalier et se précipitent en avant, en agitant leurs armes et en poussant leur farouche cri de guerre.

Les trois compagnons ne les ont pas attendus. Sans essayer d'engager une lutte disproportionnée contre des adversaires six fois plus nombreux et possédant un armement semblable au leur, ils se sont enfoncés dans la prairie.

La particularité au moins singulière de cet armement n'a pas échappé à Friquet. Aussi, le Parisien, stupéfait de voir des carabines Winchester aux mains de Peaux-Rouges, n'a pu s'empêcher de faire cette réflexion fort judicieuse :

— Mâtin ! Il paraît que le bon temps de l'arc et du fusil à pierre est passé, et je ne m'étonne plus si les Indiens donnent tant de fil à retordre aux Américains.

« Mais, aussi, quelle drôle d'idée de leur fournir des armes à répétition avec les munitions !

Grâce à la vigueur de leurs chevaux, les trois blancs savent bien qu'ils maintiendront à peu près leurs distances pendant au moins quatre heures.

Aussi, ne sont-ils pas trop inquiets, car c'est plus de temps qu'il ne leur en faut pour atteindre le camp où ils ont laissé la veille un pesant chariot portant leurs provisions, leurs effets de campement et d'équipement, leurs chevaux de rechange et les sept hommes engagés en même temps que le colonel, pour les besoins d'une longue croisière cynégétique à travers la Prairie.

En forçant leur allure, ils auront rejoint leurs compagnons en moins de temps encore, et alors, n'étant plus qu'un contre deux, ils pourront résister à l'attaque des Peaux-Rouges avec de grandes chances de succès.

Le colonel, qui suit une direction évidemment familière, a pris la tête et les guide imperturbablement à travers cet océan de verdure et de fleurs.

Les Indiens redoublent de vitesse et finissent, en rouant de coups leurs chevaux avec cette brutalité qui leur est familière, par se rapprocher sensiblement.

Mais, qu'importe au cow-boy et aux deux Français !

Est-ce que bientôt les coups de feu et les hourras de leurs compagnons ne vont pas dominer les clameurs des sauvages habitants de la prairie.

Ils arrivent enfin au camp et annoncent leur retour par un vivat retentissant.

Mais quoi !... Personne ne leur répond. La solitude est complète. On ne voit ni hommes ni chevaux, et les Indiens se rapprochent.

Seul, le chariot dresse sa lourde masse au milieu de tisons éteints...

Les fugitifs, en proie à de lugubres pressentiments, examinent plus attentivement les hautes herbes foulées, et ne peuvent retenir un cri d'horreur, à la vue de l'affreux spectacle qui s'offre à leurs regards.

CHAPITRE II

Massacre. — Oraison funèbre. — Antagonisme des rouges et des blancs. — Anéantissement ou absorption des Indiens. — Après le pillage. — La « Réserve » des Cœurs-d'Alène. — L'herbe aux buffalos. — Incendie dans la Prairie. — Entre le danger d'être brûlés vifs, ou attachés au poteau de tortures. — Palouse-River. — Cernés à droite. — Escarmouche et chute d'un cheval blanc. — Cernés à gauche. — Cernés derrière. — André reprend le commandement. — Friquet arrose trois couvertures et les coupe en deux. — André passe général au choix. — A travers les flammes.

Une douzaine de loups, le mufle sanglant, à peine effrayés par la subite arrivée des cavaliers, s'arrachent comme à regret à un horrible festin, pendant que des vautours zopilotes tournoient sans interruption au-dessus d'un véritable charnier, sur lequel leur couardise, plus forte que leur rapacité, les empêche de s'abattre.

A quelques pas du chariot, et près des tisons éteints, six hommes, affreusement mutilés, sont étendus sur les herbes plaquées de taches brunes.

Il est facile de reconnaitre à leur attitude qu'ils ont été surpris sans avoir eu le temps de se mettre en défense.

Tous ont été frappés par derrière, au moment où, assis à la turque, ils allaient prendre leur repas.

Tous les six ont été scalpés, et leurs crânes dépouillés n'offrent plus qu'une surface rouge pâle du plus hideux aspect. Détail horrible, les loups se sont de préférence attaqués à leurs visages, qui sont devenus absolument méconnaissables.

Le colonel fit passer de la joue droite à la joue gauche son paquet de tabac, toussa légèrement, envoya à quatre pas un long jet de salive et grommela d'une voix sourde :

— By God ! Les vermines ont joliment arrangé les pauvres camarades !...

« Mais, aussi, comprend-on des westerners (habitants de l'Ouest) se laisser ainsi surprendre et massacrer comme des veaux !

« Où donc est le septième ?

« Ah ! très bien ! Il était en sentinelle... continua-t-il en trouvant un dernier cadavre allongé sur le dos, à quinze pas de là.

« A ce bouquet de poils roux que les loups ont laissé au menton, je reconnais le colonel Jim, mon compère.

« Le digne garçon aimait bien le wisky.

« Je ne serais pas étonné que, en notre absence, il n'ait découvert votre provision particulière et oublié qu'il peut être imprudent de se griser, quand on est en sentinelle non loin des « Réserves ».

« Eh bien ! gentlemen, avais-je raison de casser tout à l'heure la figure à ce damné hypocrite qui tâchait de nous entortiller, de façon à nous faire subir sans danger le sort de nos compagnons ?

— Croyez-vous donc à leur complicité? demanda André d'une voix à laquelle le Yankee, surpris, ne put trouver la moindre altération.

— Eh! pardieu! ces gredins s'entendent comme larrons en foire.

— Mais, je croyais que jadis les tribus en paix ne déterraient la hache de guerre qu'après provocation et n'attaquaient qu'après déclaration préalable.

— Sans doute; autrefois... mais les Peaux-Rouges ont vu qu'ils faisaient là un métier de dupe et ils nous tombent dessus où et quand ils le peuvent.

« Nous le leur rendons bien, d'ailleurs.

— De façon que certaines parties du Grand-Ouest sont continuellement en guerre.

— Continuellement, vous l'avez dit, gentleman, et cela, jusqu'à ce que la race rouge ait été anéantie par la blanche, ou se soit fondue dans elle.

— Quant à ceux qui ont ainsi lâchement massacré nos camarades ?...

— Ce sont, à mon avis, les maraudeurs que nous avons rencontrés avant d'arriver à Waitsburg, et qui, bien que prétendant appartenir aux Nez-Percés, ne font partie d'aucune tribu, vivent sur les frontières des réserves, et non loin des établissements fondés par les pionniers d'avant-garde.

— De sorte qu'il nous sera impossible d'obtenir justice devant les sachems.

L'Américain eut un rire brutal que la présence des cadavres rendit effrayant de cynisme.

— On voit bien que vous êtes Français, dit-il avec une pointe d'ironie.

« La justice, la voici, quand on est le plus fort ! dit-il en frappant sur la crosse de son Winchester.

« Et quand on n'est pas le plus fort, il faut jouer des jambes, sous peine d'être scalpé.

— Mais, interrompit à son tour Friquet, il est bien désagréable de battre ainsi en retraite sans seulement brûler une cartouche.

« Ne pourrions-nous pas nous défendre ici?

« Voyez donc, le chariot est intact.

— Voilà qui est, en effet, assez singulier.

— Pas du tout, reprit l'Américain.

« Ils ont enlevé les chevaux, les harnais, les couvertures, les armes et les munitions renfermées dans les cartouchières.

« Comment voulez-vous qu'ils aient essayé d'emporter les lourdes caisses contenant les provisions ou les armes de réserve.

« Ainsi ferrées et clouées, leurs planches de chêne défient la hache elle-même.

— Il me semble pourtant, reprit Friquet, que le chariot deviendrait pour nous une véritable forteresse...

— Dans laquelle nous serions enfumés comme de simples jambons de Chicago.

« By God!... capitaine... je veux dire Mr. Friquet, vous ne connaissez pas la guerre de la Prairie!...

« Notre unique ressource est dans les jambes de nos chevaux.

« Car, ou je me trompe fort, ou avant peu ces vermines à peau de brique vont faire flamber les herbes qui nous entourent, et c'est dommage, car c'est du *buffalo-grass* (herbe aux buffalos) de première qualité.

« Il y a là une fortune pour dix ranchmen.

« J'y penserai plus tard.

« Pour le moment, voici nos chevaux reposés ; si vous m'en croyez, nous allons, sans plus tarder, essayer de gagner la réserve des Indiens Cœurs-d'Alène.

« Là seulement nous serons en sûreté.

— Soit, répondit André sans paraître étonné de ce nom singulier qui est celui d'une tribu peu connue, appartenant à la grande famille des Serpents ou Têtes-Plates.

— Cette réserve est-elle éloignée ?

— De trente-cinq milles environ.

— A peu près seize lieues de France.

— Exactement soixante-quatre mille huit cent vingt mètres.

— Diable ! Nos chevaux arriveront-ils ?

— Je vous dirai cela demain... si je ne suis pas scalpé.

« Et maintenant, si vous m'en croyez, en avant !...

A ces mots, le colonel, sans même jeter un regard sur ses compagnons massacrés, pique lestement des deux et s'enfonce, suivi des deux

Français, dans la Prairie qui s'étend à perte de vue.

— Voyons, colonel, ne put s'empêcher de demander Friquet après une heure de galop silencieux dans les hautes herbes, êtes-vous bien certain que nous sommes poursuivis ?

— Comme de mon existence, capitaine... je veux dire Mr. Friquet.

« Je suis même sûr que le nombre de nos ennemis a pour le moins doublé.

— Pas possible !

— Je leur ai joué tant de bons tours, qu'ils feront tout au monde pour m'enlever ma chevelure.

« Mais, les vermines ne me tiennent pas encore.

« Tiens !... fit-il tout à coup, non sans une nuance d'inquiétude et en arrêtant brusquement son cheval.

— Qu'y a-t-il ?

— Ne sentez-vous pas, comme moi, une légère odeur de brûlé ?

— Nous ne sentons absolument rien, répondirent en même temps les deux Français, après avoir humé l'air à plusieurs reprises.

— Cela tient à ce que vous n'avez pas, comme moi, vécu dix ans au grand air.

2

« Il n'est rien de tel pour aiguiser nos sens et faire de nous de vrais sauvages blancs, que de galoper nuit et jour dans la plaine, sans savoir si demain notre crâne aura encore sa peau.

— Et pourrait-on savoir ce que vous révèle cet odorat si subtil? demanda Friquet d'un ton légèrement railleur.

— Volontiers, Mr. Friquet.

« Je n'affirme pas encore, mais il se pourrait que le buffalo-grass, cette belle herbe qui sèche sur pied et donne une espèce de foin dont nos bœufs sont si friands, il se pourrait, dis-je, que le buffalo-grass brûle non loin d'ici...

— Et alors?...

— Et alors nous courrions grand risque d'être asphyxiés tout d'abord, puis rôtis...

— A moins que...

— A moins que nous ne tombions entre les mains des rôdeurs à peau rouge.

« Ce qui serait bien pis.

— Ah! oui, le nommé poteau de tortures.

« J'ai vu ça dans les livres...

« Il paraît que ce n'est pas tout ce qu'il y a de plus drôle.

— Ne riez pas, jeune homme, interrompit gravement le cow-boy.

« J'ai vu de mes compagnons attachés au-dessus d'un brasier, de façon qu'ils pussent se sentir cuire à petit feu...

« Les squaws leur enlevaient une à une les phalanges des doigts... leur découpaient sur la peau de minces lanières...

« Pendant ce temps, les guerriers hurlaient leur chant de guerre.

— Ce qui devait être une rude aggravation de peine s'ils chantaient faux!

Pour le coup, le colonel regarda le Parisien de travers.

— Dame! reprit imperturbablement Friquet, vous vous appesantissez sur le talent de ces braves gens avec une complaisance qui n'enlève rien à mon admiration pour leurs procédés opératoires, mais me donne une déplorable opinion de la façon dont ils entendent les rapports sociaux.

« En voilà qui auraient rudement besoin des bienfaits de l'instruction gratuite et, surtout, obligatoire.

— Bien!... bien!... Nous verrons, si les affaires tournent mal, ce que deviendra cette gaîté.

— Tiens!... on dirait que ça vous déplaît, de me voir blaguer, quand vous nous racontez vos histoires de l'autre monde.

« Nous avons la bravoure joyeuse, nous autres, et nous ne pensons pas à trouver singulier que vous ayez le courage grognon.

« Chacun sa manière, pas vrai, m'sieu André.

André sourit, se leva sur ses étriers, mouilla son doigt en le passant sur ses lèvres et tendit le bras verticalement, comme les marins qui s'assurent de la direction du vent.

— Je dis, fit-il en manière de réponse, que le colonel a raison.

« Le buffalo-grass flambe à n'en pas douter, bien que nous n'apercevions pas la fumée, et nous avons vent arrière.

« Je crois que le foyer de l'incendie est en avant.

« Qu'en pensez-vous, colonel ?

— Que vous avez raison, major.

« En avant le feu de la prairie, en arrière, les Peaux-Rouges.

« Nous voilà dans une jolie situation.

— Que faire ?

— Atteindre à tout prix cette zone bleuâtre qui coupe l'horizon là-bas, devant nous, à environ quatre milles.

« Cette ligne doit être produite, si je ne me trompe, par les bois qui bordent Palousé-River.

« Nous avons à traverser, pour cela, cette plaine qui est Kamas-Prairie...

A ce moment, un bruit singulier, comparable au grondement que produit la marée montante, ou mieux encore un fleuve enflé par une crue subite, se fait entendre.

Puis, de minces colonnes de fumée blanchâtre s'élèvent au milieu de la plaine, juste entre les fugitifs et la ligne d'horizon formée par les arbres bordant le fleuve.

En moins de dix minutes, trente foyers d'incendie se montrent dans la même direction, et, chose étrange non moins qu'alarmante, ils sont placés sur une même ligne, assez régulièrement espacés, de façon qu'avant peu ils seront réunis et intercepteront complètement toute communication avec le Nord, où coule Palouse-River, perpendiculairement à la direction suivie par les trois voyageurs.

— Eh bien, Mr. Friquet, que dites-vous de cela?

— Je dis que les Peaux-Rouges ont mis le feu devant nous de façon à nous empêcher de gagner la rivière, et qu'ensuite ils sont revenus, à travers les herbes, former derrière nous un demi-cercle destiné à nous acculer à une ligne de feu, et qu'il faut absolument traverser les flammes qui ronflent en avant, ou passer sur le ventre des coquins qui galopent derrière.

« C'est à peu près cela, n'est-ce pas ?

— Absolument.

« Avec cette différence, toutefois, que nous n'avons plus affaire seulement à une vingtaine de Peaux-Rouges.

« Les vauriens avaient des complices dans les environs, et je ne serais pas étonné que leurs mesures n'aient été prises déjà depuis deux jours.

« Ou je me trompe fort, ou ils se sont réunis au premier signal, et ils doivent être environ deux cents rôdeurs divisés en trois troupes.

« Nous allons d'ailleurs savoir avant peu à quoi nous en tenir.

« Essayons d'abord de nous échapper sur la droite.

« Car il nous devient à peu près impossible de franchir la prairie pour gagner Palouse-River.

Les trois cavaliers piquent des deux, enlèvent leurs chevaux après avoir décroché la courroie qui attache leur Winchester, de façon à pouvoir faire feu si les Peaux-Rouges se montrent.

A peine galopent-ils depuis dix minutes qu'ils

aperçoivent, sur la crête d'un mamelon, une cinquantaine d'Indiens à cheval et qui, à leur aspect, poussent des cris furieux, en se formant en ligne à droite et à gauche avec une merveilleuse précision.

— Ah! je m'en doutais, grogne de sa voix nasillarde l'Américain.

« De ce côté, la retraite est coupée.

Arrêtant alors brusquement son cheval comme ont coutume de le faire les cavaliers mexicains, il saisit sa carabine, épaule vivement et fait feu à quatre cents mètres.

Un superbe cheval blanc se dresse aussitôt sur ses pieds de derrière et s'abat, frappé à mort, sur son cavalier.

— Maladroit! s'écrie le cow-boy.

— Comment, répond Friquet, vous n'êtes pas content?

« Peste! le coup est pourtant assez joli et n'est pas à la portée de tout le monde.

— Eh! que m'importe un cheval par terre, reprend le Yankee avec un accent de haine implacable, j'en donnerais dix pour crever la peau à un de ces putois rouges!

« Ah bravo! major...

— Eh! voyez-vous ça... c'est très bien, capitaine.

Friquet et André voyant l'escadron continuer sa course au petit galop, ont à leur tour fait feu sur la ligne.

L'homme visé par André est tombé comme une masse, et celui qui servait de but à Friquet a lâché les rênes et oscillé sur la croupe de son cheval.

Rendus plus circonspects par ces arguments sans réplique, du moins à pareille distance, car les Indiens, quoi qu'on en ait dit, sont de piètres tireurs, ils se dissimulent comme précédemment derrière leurs chevaux et se contentent de ralentir leur allure, mais sans quitter leurs places respectives.

— Il est bien entendu que nous ne passerons pas là sans essuyer un feu de peloton, dit André en remplaçant par une cartouche pleine sa cartouche vide, afin de conserver au complet le réservoir de sa carabine.

— Essayons sur la gauche, interrompt le cow-boy en faisant volte-face.

Ils n'ont même pas le temps de parcourir trois cents mètres, qu'un nouveau groupe émerge des hautes herbes et s'éparpille comme le précédent en ordre dispersé.

Les Indiens semblent certains du succès. Ils ne se donnent même pas la peine de se cacher et s'avancent lentement, de façon à enserrer les blancs, qui bientôt n'auront plus qu'une alternative : s'élancer dans les flammes ou tenter de rompre leur ligne.

La situation devient de plus en plus critique.

L'Américain, toujours impassible, mâchonne son tabac et jette sur les deux Français un regard étonné, presque admiratif, à l'aspect de leur contenance intrépide.

Friquet sifflote son air favori : « Bon voyage, monsieur Dumollet » et André inspecte avec sa lorgnette la zone de feu d'où s'échappent des pétillements sinistres qui deviennent plus forts et plus distincts.

Les trois lignes formées par les Indiens se resserrent lentement, mais avec une précision mathématique.

— Eh bien, colonel ? demanda le jeune homme.

— Hum !...

— Votre avis ?

— Je crois que nous sommes bien malades, et je ne donnerais pas un dollar de nos trois chevelures.

— Il faut pourtant sortir d'ici.

— C'est mon opinion.

« Nous ruer sur les Indiens et en tuer le plus possible est un moyen scabreux.

« Ils massacreront nos chevaux, nous empoigneront, quoique nous fassions, et nous attacheront au poteau.

— Et si nous traversions le feu?

— Essayons.

— Colonel, je reprends pour l'instant le commandement de l'expédition.

— Alors, chacun peut se débrouiller à sa fantaisie?

— Parfaitement.

« Mais, croyez-moi, suivez mon plan, c'est le moins impraticable de tous.

« Toi, Friquet, descends de cheval et décroche lestement nos trois couvertures.

« Vous, colonel, ouvrez l'œil sur un côté de l'horizon, pendant que j'inspecte l'autre.

« L'outre que tu portes en portemanteau est pleine, n'est-ce pas?

— Oui, m'sieu André, elle contient environ huit litres d'eau.

— Bon.

« Étale à terre les couvertures et arrose-les copieusement.

« Et vous, colonel, cassez-moi donc la figure à ce gredin qui caracole et nous nargue sur ce cheval pie.

« Bravo!... à mon tour.

Deux détonations éclatent à quelques secondes d'intervalle et deux hommes tombent.

Les Indiens, certains de prendre vivants leurs ennemis, se contentent de serrer les rangs sans riposter.

— Tu as fini, Friquet ?

— C'est paré, m'sieu André.

— Bien... continue le jeune homme en ponctuant sa phrase d'un nouveau coup de feu.

« Coupe les couvertures en deux avec ton sabre.

« Feu ! colonel, sur ce drôle qui dépasse l'alignement.

« A la bonne heure ! vous faites un joli tireur.

« A toi Friquet.

— Les couvertures sont en deux...

— Attache solidement une moitié à la tête de chacun de nos chevaux, de façon qu'en leur couvrant la face, elle retombe sur leur poitrail.

— M'sieu André, le feu gagne.

— Eh ! je le vois pardieu bien.

« C'est fait ?

— Paré !

« Et maintenant, à cheval ! mon brave gamin.

« Passe au colonel une des trois moitiés qui te restent, donne-m'en une et garde l'autre.

« Entourez-vous la figure et la poitrine.

— Bravo!... général, interrompt l'Américain enthousiasmé.

« J'ai compris.

La ligne de feu n'est plus qu'à cent mètres, et les Indiens, dont les trois groupes sont réunis, se trouvent à trois cents mètres à peine.

Les blancs font face à l'incendie, que les chevaux aveuglés par les couvertures humides ne peuvent plus voir.

— En avant! s'écrie d'une voix retentissante André, qui met l'éperon au flanc de sa monture et se couche sur son encolure.

— En avant!... répètent ses deux compagnons en imitant sa manœuvre.

Et tous trois se ruent au milieu des flammes, pendant que les Indiens, stupéfaits d'une pareille audace, furieux de voir leur proie s'échapper, poussent d'effroyables cris de désappointement et de rage.

Tous trois se ruent au milieu des flammes. (Page 36.)

CHAPITRE III

A travers l'Océan Pacifique. — San-Francisco — Effet produit par deux Français voyageant pour leur plaisir. — Les splendeurs de l'Annonce américaine. — Le North-Western-Railroad. — Les Indiens Cœurs-d'Alêne. — Premier itinéraire. — La grande Plaine de la rivière Columbia. — Portland. — Comme quoi tout n'est pas toujours pour le mieux dans certaines villes de la libre Amérique. — Révélations à propos de la petite ville de Tucannor. — Les « Pullman-Car ». — Sur la rive gauche de Columbia-River. — Les Dalles. — Dans la Prairie.

La relation, même très succincte, des événements qui ont précédé l'arrivée de M. André et de son inséparable Friquet au *Pays des Bisons*, nous entraînerait à des longueurs et à des redites qu'il est utile d'éviter.

L'intérêt qui nous attache à ces deux personnages essentiels de notre récit, nous empêchant formellement de les abandonner un moment, nous prierons le lecteur de vouloir bien se rappeler les deux premières parties de cet ouvrage portant pour titre : *Au Pays des Lions* et *Au Pays des Tigres*.

L'auteur se contentera, en historien fidèle, de reprendre sa narration au moment où les deux amis, après l'audacieux coup de main si bien exécuté sur Mandalay, la capitale de la Birmanie indépendante, étaient revenus sains et saufs au port anglais de Rangoun, sur le yacht l'*Antilope-Bleue*.

Cette expédition, on s'en souvient, avait été tentée par André pour arracher de la prison royale Friquet, condamné à mort et sur le point d'être exécuté, pour avoir tué, par inadvertance, un Éléphant blanc.

La croisière cynégétique entreprise autour du monde par les deux Français, commencée sur la côte occidentale d'Afrique, continuée sur les fleuves et dans les forêts de la Birmanie, devait, d'après leurs intentions premières, se terminer dans le Far-West Américain.

André se mit, en conséquence, en mesure de faire accomplir à son yacht la traversée entière de l'Océan Pacifique. Car, en dépit des périls courus pendant la seconde partie de la croisière, et du dénouement fatal qu'elle faillit avoir, Friquet et André, bien loin de sentir leur ardeur se refroidir, ne demandaient qu'à courir de nouvelles aventures et remplir, coûte que coûte les conditions du programme élaboré jadis, le jour de l'ouverture de la chasse en Beauce.

Désirant quitter au plus vite ce pays où il ne se sentait pas en sécurité, malgré le voisinage des Anglais, et peut-être même à cause de ce voisinage, André traça rapidement son itinéraire et fit appareiller pour Singapoure, qui devait être la première escale de l'*Antilope-Bleue*.

De Rangoun à Singapoure, on compte environ dix-neuf cents kilomètres, une simple promenade que le yacht accomplit en un peu moins de cinq jours, en conservant sa jolie vitesse de dix milles à l'heure, soit près de quatre cent cinquante kilomètres en vingt-quatre heures (exactement quatre cent quarante-quatre kilomètres).

De Singapoure, le yacht repartit pour Saïgon, après avoir complété sa provision de charbon et emmagasiné quelques vivres frais. Cette traversée de douze cents kilomètres fut l'affaire de trois petites journées, et l'*Antilope* s'arrêta au chef-lieu de notre colonie, juste le temps de remettre les lettres pour l'Europe au courrier qui allait partir.

Puis, il fila sans désemparer sur Hong-Kong, distant d'environ quinze cent cinquante kilomètres. Quatre jours de mer, arrivée à Hong-Kong, nouvel et plus sérieux approvisionnement de vivres et de charbon, puis, en route pour Yokohama, éloigné de près de trois mille kilomètres.

Au bout de sept jours il atteignait le grand port japonais, après avoir franchi en vingt et un jours, escales comprises, près de huit mille kilomètres sans le moindre incident.

A Yokohama, André fit procéder à un approvisionnement en règle, avant d'entreprendre la traversée de l'énorme étendue d'eau qui sépare Yokohama de San-Francisco.

On compte de Yokohama, situé par 36° 39' de latitude Nord et 147° 40' de longitude Est du méridien de Paris, une distance d'environ dix mille sept cents kilomètres pour atteindre San-Francisco, situé par 37° 47' de latitude Nord et 124° 48' de longitude Ouest du même méridien de Paris.

En admettant que le yacht pût conserver sa vitesse réglementaire de dix milles marins ou nœuds à l'heure, soit quatre cent quarante-quatre kilomètres par vingt-quatre heures, il fallait compter sur un minimum de vingt-quatre jours sans possibilité d'atterrissage, ni de ravitaillement, puisque cette voie, la plus directe pour passer de l'Extrême-Orient en Amérique, est absolument déserte.

Plein de confiance dans l'excellence de son navire, comptant, non sans raison, sur les talents nautiques du capitaine Plogonnec et sur la valeur de l'équipage, il commanda l'appareillage le 15 mai 1880 au matin.

Le cap fut mis sur San-Francisco et le navire, une fois sorti de la rade, conserva invariablement une direction presque absolumen rectiligne, puisque, théoriquement, l'écart avec la ligne droite n'est que d'un degré huit minutes, à peine cent vingt-cinq kilomètres sur dix mille huit cents !

Le capitaine Plogonnec avait si bien pris ses mesures, la machine fut si habilement manœuvrée par les mécaniciens hors ligne engagés autrefois par Friquet ; d'autre part, le grand Océan fut à ce point clément aux intrépides voyageurs, que le soir du vingt-quatrième jour, c'est-à-dire le 8 juin, le yacht, son pavillon national à l'arrière, pénétrait dans la rade de San-Francisco par la Porte d'Or.

Quoique ce joli tour de force accompli par un bâtiment de plaisance et d'un échantillon relativement faible ne soit pas sans précédent, il n'en excita pas moins l'admiration des marins américains, ces audacieux entre tous.

On rappela que, en 1876, le *Sunbeam*, commandé par son propriétaire, un membre du Parlement anglais, sir Thomas Brassey, avait, au cours d'un remarquable voyage autour du monde, exécuté cette traversée du Pacifique presque exclusivement à la voile !

Encore, le *Sunbeam* avait-il traversé en diagonale l'immense Océan et fait seulement, depuis Valparaiso jusqu'à Yokohama, deux escales, l'une à Tahiti, l'autre aux Sandwich.

Professant peu d'enthousiasme pour ce produit de serre chaude que l'on nomme la civilisation américaine, fatigués de ce va-et-vient ininterrompu constituant le fond de la vie que l'on mène dans les villes de l'Union, énervés de cette existence enragée, venus d'ailleurs pour courir librement à travers les plaines sans fin du Grand-Ouest, ils n'aspiraient qu'à quitter la trop bruyante Reine du Pacifique.

André, après avoir présenté ses lettres de crédit, visité le consul de France et fait quelques apparitions dans les cercles où l'avait présenté notre aimable représentant, témoigna le désir de partir pour la Prairie, et cela le plus tôt possible.

Comme il n'était ni ingénieur, ni éleveur, ni marchand de suif, de peaux ou de farines; comme il ne faisait pas l'article d'exportation et ne se lançait dans aucune spéculation, il passa bientôt, dès qu'il eut manifesté ses intentions, pour une véritable bête curieuse.

Ces bonshommes nerveux, verbeux, toujours en mouvement, toujours en quête d'idées neuves, comprenaient fort bien qu'on allât partout pour gagner des dollars, même pour en perdre... Mais, a-t-on jamais eu l'idée d'un homme riche qui voyage en Amérique pour son plaisir, et surtout qui chasse !

Est-ce qu'on chasse autrement que pour manger, ou pour trafiquer sur les fourrures, dans les États de l'Union !

Est-ce qu'on y voyage pour son plaisir !

Aussi, nul ne put même le renseigner relativement aux contrées où il pourrait rencontrer en abondance le gibier, objet de sa convoitise.

Il s'en rapporta donc un peu au hasard, et beaucoup à sa bonne étoile, pour trouver les éléments nécessaires à l'exécution de son programme.

Les préparatifs enfin terminés, il flânait avec Friquet, dans Montgommery-Street, la veille du jour fixé pour le départ, quand il leur prit fantaisie d'entrer familièrement, comme c'est la coutume en Amérique, dans le hall d'un hôtel meublé.

Un gentleman à barbe de bouc leur remit silencieusement une de ces cartes que chaque Compagnie de chemin de fer publie en guise d'indicateur et surtout de réclame, et que l'on distribue un peu partout, comme chez nous les prospectus.

Machinalement le jeune homme jeta les yeux sur l'enveloppe enluminée de couleurs violentes.

au milieu desquelles tranchait, en lettres multicolores, le boniment suivant que nous ne pouvons nous empêcher de reproduire dans toute sa splendeur.

A l'explorateur!
Au pionnier!!
A l'ouvrier!!!
Au touriste!!!!
Au mineur!!!!!
Au chasseur!!!!!!
A tout le monde!!!!!!!!

On fait savoir que:
Si l'on veut réussir dans l'élevage
Si l'on veut obtenir de bonnes récoltes
Si l'on recherche un climat salubre
Des sites admirables
Et des gibiers variés
Portant les plus belles fourrures
Les ours et les buffalos!

Il faut prendre le:
NORTH-WESTERN-RAILROAD
Le seul qui conduise aux plus merveilleux
Pays de l'Union
Où la mortalité n'est que de 1 pour 88
Quand dans les États de l'Est
Elle est de. . . . . 1 pour 120
Et en Europe de . . 1 pour 42
LE NORTH-WESTERN-RAILROAD!!!!!!!

— Tiens! dit-il en riant à son ami, voilà positivement notre affaire.

« Il y a donc encore des bisons (1), du moins si nous devons en croire cette flamboyante réclame du puffiste par excellence, maître Jonathan.

— Qu'est-ce que c'est que ça, le North-Western-Railroad?

— Regarde le tracé.

« C'est une ligne qui va, ou doit aller — sait-on jamais en principe si un chemin de fer américain est ou non terminé? — de Fond-du-Lac, située sur le Lac Supérieur, à l'estuaire de la rivière Saint-Louis, jusqu'à Portland, sur Columbia-River, près du Pacifique.

« Cette ligne, comme tu le vois, coupe le continent Nord-Américain presque parallèlement au Transcontinental Canadien, qui est à peu près entièrement terminé.

« Elle traverse des pays encore absolument sauvages, où doivent s'être réfugiés les derniers bisons pourchassés par les Peaux-Rouges et massacrés en grand par les chasseurs Yankees pour leur robe.

---

(1) Les Américains donnent improprement au bison le nom de buffalo qui devrait s'appliquer au buffle.

« Il y a surtout cette vaste plaine complètement plate, une prairie, comprise entre les 46° et 48° parallèles Nord et les 118° et 120° de longitude Ouest, appelée par les géographes américains : Great Plain of the Columbia-River, où nous trouverons certainement notre affaire.

« Nous serons dans la boucle formée au Nord et à l'Ouest par la Columbia, au Sud et à l'Est par son affluent, la Snake, au pied des Montagnes Rocheuses, et à deux pas des réserves fort giboyeuses des Cœurs-d'Alène, avec lesquels nous pourrons fort bien nous entendre.

— Vous dites : les Cœurs-d'Alène, m'sieu André ; quel nom étrange !

— C'est une tribu de la grande famille des Têtes-Plates ou Serpents.

« Ils reçurent, jadis, très hospitalièrement les trappeurs Canadiens-Français, et témoignèrent, dans mainte reprise, un tel mépris pour la mort et une telle insensibilité devant les souffrances les plus horribles, que nos compatriotes leur donnèrent ce nom Français qu'ils portent encore.

« Ils sont aujourd'hui dans un état de civilisation relativement assez avancé, grâce aux efforts des missionnaires catholiques qui les ont convertis depuis 1841.

« Ils sont toujours restés amis des blancs, et même on trouve parmi eux un certain nombre de métis Bois-Brûlés, frères des Bois-Brûlés Canadiens, et un grand nombre de mots français sont restés dans leur langue.

— Et il y a beaucoup de gibier, chez eux ?

— Sans doute, puisqu'ils peuvent suffire à leur nourriture, sans recourir aux allocations que le gouvernement américain doit faire à tous les Peaux-Rouges, en exécution du traité de Helle-Gate (1859).

— Et vous croyez que nous serions bien reçus chez eux ?

— Admirablement; en notre double qualité de Français et de chasseurs.

— Alors, c'est entendu.

— Quoi ?

— Si vous n'y voyez aucun inconvénient, nous irons chez les Cœurs-d'Alène, dont le nom me revient tout à fait.

— Mais, avec le plus grand plaisir, mon cher Friquet.

Et, sans plus de phrases, les deux amis quittèrent le hall pour rentrer à leur hôtel, après avoir ainsi, d'un mot, fixé leurs dernières irrésolutions.

Au lieu de prendre, le lendemain matin,

comme ils en avaient l'intention, la ligne de l'Union-Pacific-Railroad, ils montèrent dans un Pullman-Car de la ligne côtière qui monte du Sud au Nord, parallèlement à l'Océan Pacifique, et passe par les villes de Sacramento, Red-Bluff, Eugène-City, Salem, Portland et Olympia.

Le yacht restait à San-Francisco, où il devait être l'objet d'importantes réparations. Comme il tenait la mer depuis près de dix mois, que sa machine avait un peu fatigué, et que son bordage paraissait avoir souffert par places, André avait jugé à propos de le faire passer en cale sèche, pendant son excursion au pays des Bisons.

Ils arrivèrent en vingt heures à Portland, où ils s'arrêtèrent quelques jours, tant pour se renseigner sur la région qu'ils allaient parcourir, que pour faire leurs préparatifs.

André apprit tout d'abord que la mirobolante annonce publiée par la Compagnie North-Western n'avait rien d'exagéré, du moins en ce qui concernait l'abondance des bisons, et c'était là l'essentiel.

Là se bornait, d'ailleurs, l'authenticité de ses affirmations, car, d'autre part, la voie du chemin de fer qui devait rejoindre le Pacifique au Lac

Supérieur, s'arrêtait à Wallula, une bourgade située au confluent de la rivière du même nom et de la Columbia, à trois cent quarante kilomètres seulement de Portland.

Friquet et André auraient donc, de la sorte, à faire encore près de deux cent vingt kilomètres à cheval, pour atteindre la première réserve des Cœurs-d'Alène, audacieusement longée, mais seulement sur le papier, par le tracé de la future voie.

Peu importait aux deux amis d'aller plus ou moins loin en chemin de fer et d'arriver plus ou moins vite, pourvu qu'ils trouvassent le gibier objet de leur ambition.

Aussi n'accordèrent-ils pas la moindre attention à ce contre-temps, surtout quand ils apprirent qu'ils trouveraient à Wallula des chariots et des bêtes de trait pour l'attelage, avec d'excellents chevaux de selle.

En conséquence, et pour laisser le moins de place possible au hasard, André traça d'avance l'itinéraire à suivre, sauf modifications ultérieures, bien entendu.

Cet itinéraire comprenait, à partir du point terminus figuré par la station de Wallula, le fort de Wallawalla, la petite ville de Waitsbourg, puis celle de Tucannor, puis Palouse-

Farm, situé sur la rive droite de Snake-River. Palouse-Farm étant le dernier établissement civilisé qu'ils devaient rencontrer sur leur route, force leur serait de vivre ensuite à la belle étoile, chose qui, pour des voyageurs de leur trempe, n'avait rien de bien extraordinaire.

Cependant, l'annonce de leur départ pour ces régions désertes ne fut pas sans produire, dans le personnel de l'hôtel où ils étaient descendus, à Portland, une émotion qui, bien que fort légère, n'en fut pas moins caractéristique dans ce légendaire pays du « chacun pour soi ».

Un des clercs de l'hôtel, un Canadien d'origine française, apprenant leur nationalité, leur avait témoigné dès le premier moment toute la sympathie que ses compatriotes ressentent pour les « Français du vieux pays » et s'était mis en quatre pour leur procurer des renseignements.

Comme il assistait, ainsi que son collègue l'autre clerc, un Yankee pur sang, à l'élaboration de l'itinéraire, il interrompit tout à coup André, quand celui-ci prononça le nom de Tucannor.

— Entendez-vous, Dick, le gentleman qui veut aller à Tucannor, dit-il à l'autre clerc.

— J'entends, articula Dick en se balançant

sur son rocking-chair et en poussant, sur un socle de colonne, son jet de salive avec une précision désespérante.

— Est-ce que des maraudeurs Nez-Percés n'ont pas scalpé les hommes et emmené les femmes avec les enfants ?

— Non, reprit Dick, c'est à Elk-City, dans l'Idaho, que les Nez-Percés ont scalpé.

— Alors, la rivière a débordé et emporté toute la ville ?

— Non, c'est à Lewiston, tout près de là.

— Je suis pourtant bien sûr qu'il s'est passé quelque chose à Tucannor.

— Yes. Les cow-boys ont pris la ville et brûlé les trois quarts des maisons, parce que les habitants ne voulaient pas leur donner de wisky.

— Ah ! voyez-vous...

— Mais, c'était le mois dernier.

« Les maisons de bois sont rebâties et on a pendu quelques cow-boys.

« Le télégraphe est même rétabli.

— C'est égal, vous ferez bien de prendre quelques précautions dans ce fichu pays, n'est-ce pas.

« Ce n'est pas comme au Canada, où les Indiens, bien traités par l'administration et les habitants blancs, sont de vrais amis pour tout le monde.

« Je serais désolé qu'il arrivât malheur à des Français du vieux pays.

— Nous ferons de notre mieux, mon cher compatriote, répondit André touché de cette sollicitude, et en donnant au brave homme une cordiale poignée de main qui le fit rougir de plaisir.

Ce fut le surlendemain seulement, qu'ils confièrent leurs destinées au chemin de fer en assez mauvais état, qui longe la rive gauche de Columbia-River.

Encore, s'agit-il ici de la voie composée simplement de traverses posées sur le sol, sans ballast, et cédant par place à la pression des trains: Car, si la voie est défectueuse, le matériel est parfait.

C'est une compensation qui a bien ses avantages.

On ne connaît guère en Europe, surtout en France, que par ouï-dire, ces merveilleuses voitures appelées Pullman-Car, du nom de leur inventeur, et qui se trouvent sur la plupart des lignes américaines.

Ce sont de véritables salons, ayant vingt-cinq mètres de longueur, dont les sièges, qui se font face deux à deux, se réunissent pendant la nuit, de manière à former un excellent lit pourvu de matelas, couvertures et linges parfaitement propres.

Une allée ménagée au milieu du wagon permet de circuler de l'avant à l'arrière, où se trouvent un fumoir, un cabinet de toilette avec eau fraîche, savons, serviettes, etc., plus un cabinet dont on devine l'usage. Enfin, chaque voiture communique avec sa voisine par une plate-forme qui facilite la circulation d'un bout à l'autre du train.

Toutes les grandes lignes sont pourvues, en outre, de wagons-restaurants; mais sur les lignes d'importance minime ou en voie de formation, le restaurant est remplacé par le buffet.

Nous aurons, du reste, probablement l'occasion de revenir plus tard sur ces différentes institutions si essentiellement américaines, et dont la description détaillée ne saurait avoir sa raison d'être pour le moment.

Le train emmenant les deux amis et leur matériel de chasseurs, quitta Portland et arriva bientôt sans encombre à la ville des Dalles, où s'arrête la navigation sur la Columbia.

Tous les affluents de ce vaste fleuve, dont le bassin comprend 800,000 kilomètres carrés, une fois et demie la superficie de la France, se trouvent alors réunis en un lit unique atteignant douze cents mètres de large.

Mais, bientôt, ce lit se resserre en amont de la ville, entre des murailles basaltiques, au point de n'avoir plus que cent mètres, avec une profondeur atteignant en certains endroits jusqu'à mille mètres!

C'est par cet unique passage, sans lequel son bassin redeviendrait ce qu'il a été autrefois, une mer intérieure, que la Columbia roule ses eaux jusqu'au Pacifique.

Cette brèche est d'ailleurs l'une des deux seules ouvertes à travers la Cascade-Range, par les eaux qui coulent vers le Pacifique. La seconde est au Nord, franchie par le Fraser.

André eut à peine le temps de faire examiner à son ami cette étrangeté géographique, et déjà le train roulant, de cahot en cahot sur les rails ajustés à la diable, reprenait sa course dans la direction de l'Est, et s'engageait bientôt dans une prairie sans fin qui borde la rive gauche du fleuve.

CHAPITRE IV

Chemin de fer de l'avenir. — A Wallula. — Les *saloons*. — Nourriture atroce et mélanges incohérents. — Le dîner d'un clergyman. — En quête de montures. — Singulières préférences accordées par les petits hommes aux personnes de grande taille et aux objets volumineux. — Le cheval de Friquet. — Friquet refuse l'aide d'un inconnu pour monter sur son cheval géant. — Conséquences dramatiques de ce refus. — Lutte émouvante, mais courte. — Comment un colonel Kentuckien de six pieds de haut est rossé par un Parisien qui n'en a que cinq. — Tout est bien qui finit de même.

Au moment où s'accomplissent les événements qui forment la matière de ce récit, la ligne du North-Western est, avons-nous dit, bien loin d'être achevée, nonobstant une réclame enragée.

Le point terminus, en venant de Chicago, est Big-Horn-City, située par 107° 30' de longitude Ouest de Greenwich et 46° 15' de latitude Nord, sur Yellowstone-River. Le terminus, en allant de l'Ouest à l'Est, est Wallula, par 119° de longitude Ouest et 46° de latitude Nord.

Reste donc à raccorder un tronçon comprenant plus de douze cents kilomètres, ce qui, dans des conditions ordinaires, serait peu de chose pour les Américains, ces outranciers de la construction. Mais la voie devant traverser tout le massif méridional des Montagnes Rocheuses, qui s'étale, comme à plaisir sur, une grande partie du territoire de Washington et des États de Montana et d'Idaho, on conçoit sans peine qu'une pareille entreprise ne peut pas être improvisée du jour au lendemain, en dépit des dollars et du génie de l'oncle Sam.

Le train portant Friquet et André arriva donc, fortement cahoté, mais sans encombre, à Wallula.

Au dire des pionniers d'avant-garde qui l'habitent: employés au service et à la construction de la voie, cow-boys, bûcherons, mineurs, marchands de conserves, Wallula comptera dans trois ou quatre ans vingt mille habitants, et c'est fort possible.

Pour le moment, c'est une petite ville dont les douze cents habitants font autant de bruit que douze mille citoyens de l'Est, ce qui n'est pas peu dire.

Elle a résolument traversé la période d'enfance par laquelle passent, plus ou moins vite, les jeunes cités américaines et qui est caractérisée par des campements sous la tente ou dans des chariots d'émigrants et des *log houses* en troncs de sapin non équarris, ou de simples baraques en planches.

La plupart des maisons s'élevant au centre de la ville et sur les avenues immenses disposées en damier, naturellement, sont en briques et pourvues de trottoirs en bois, pour éviter autant que possible la boue noire, tenace, enlizante connue ici sous le nom de *gumbo*.

Il y a trois hôtels où vivent tous ceux qui n'ont pas de ménage, c'est-à-dire les quatre cinquièmes des habitants actuels, et une quantité considérable de *saloons* — traduisez librement cabarets — où se débitent les drogues incendiaires, mélanges innommés de pharmacie et de parfumerie, si chères aux gosiers yankees.

Il y a également trois chapelles, de communions différentes, assez délaissées d'ailleurs, deux banques, une prison et un tribunal.

Aussi, les citoyens de Wallula sont-ils enchantés de leur ville, qui leur semble résumer toutes les perfections de la civilisation contemporaine.

Tel n'est pourtant pas l'avis de Friquet et d'André qui, après avoir fait transporter à grand'peine leurs bagages à un des trois hôtels, trouvent difficilement chacun une place dans la grande salle commune où boivent, mangent, chiquent et pérorent comme des enragés, des citoyens réunis en groupes compacts.

Une matrone, placide et robuste comme les femmes d'outre-Rhin, circule lentement derrière des tables étroites et longues, couvertes de nappes sordides.

Elle s'arrête un moment devant les deux étrangers, expectore d'une voix monotone, empruntée à quelque poupée de Nuremberg, les mots suivants :

Bœuf salé !... Corned-beef !... Lard salé !... Pommes de terre !... Desserts !... Thé !... Café !...

En dépit de l'atroce accent allemand qui accompagne ces paroles prononcées en anglais, ils comprennent qu'on leur détaille les splendeurs du menu.

Ils n'ont même pas le temps de répondre, que la matrone disparait, pour revenir au bout de cinq minutes, portant une douzaine de soucoupes, deux couteaux de six sous à pointe mousse, deux fourchettes de fer et un morceau de pain non levé, semblable à une brique séchée au soleil.

Les deux amis n'ont pas à se plaindre, puisque non seulement tous les comestibles énoncés par l'hôtesse, mais encore d'autres substances leur sont offertes, sans qu'ils aient eu besoin de les demander.

Friquet ne peut s'empêcher de jeter à la ronde ce regard investigateur du Parisien qui embrasse en un clin d'œil une scène, sans en omettre le plus futile détail.

Sérieux comme un plénipotentiaire en négociation chez des sauvages, et qui voit accomplir les scènes les plus baroques, le jeune homme s'amuse à lui seul comme tout un clan de demi-dieux.

Mais aussi, quel spectacle que celui des citoyens les plus « proéminents » de la localité — *prominent citizen* — piquant au hasard, mais avec une dextérité incroyable, dans les soucoupes, avec leur fourchette, empilant les substances dans leur assiette, les assaisonnant à la diable, composant un mélange sans nom, que l'on pourrait appeler le comble de l'incohérence, le malaxant, le triturant, puis l'engloutissant au moyen du couteau et de la fourchette, avec une voracité qui fait à chaque instant appréhender des catastrophes.

Friquet qui commence à entrer en lutte avec son bœuf salé coriace comme du requin, va se livrer sans enthousiasme à une ingestion promettant d'être laborieuse, quand il s'arrête, comme pétrifié, devant un spectacle inattendu.

Un gentleman d'extérieur respectable, dont l'aspect annonce un clergyman, se livre à des préparatifs culinaires dont nos gourmets européens auront peut-être de la peine à saisir toutes les subtilités.

Le Révérend a d'abord coupé en petits morceaux parfaitement cubiques une tranche de lard frit. Il y ajoute un peu de lait conservé qui a presque la consistance du miel, hache menu quelques champignons, également conservés, y écrase une tomate crue, corse le mélange avec un œuf battu dans du wisky, saupoudre largement de sel et surtout de poivre, incorpore quelques tranches d'ananas confit et arrose le tout avec de la mélasse noire.

Friquet croit à une gageure, et ne peut s'empêcher de frémir, en voyant le Révérend absorber sa friandise avec une indicible satisfaction.

— Ah! m'sieu André, dit-il à voix basse, savez-vous que les Chinois eux-mêmes, ces maitres du baroque et de l'incohérent, n'ont jamais trouvé mieux.

« Ma foi, depuis que je bourlingue sur terre et sur mer, à travers les pays les plus invraisemblables, je croyais avoir tout vu...

« Mais, je n'avais pas idée d'un menu américain !

André, imperturbable, avalait son lard, son pain, ses concombres et ses tomates en homme pressé d'accomplir une formalité désagréable et qui a hâte de quitter cette civilisation d'avant-garde, pour pénétrer dans la bonne et saine sauvagerie, où l'air est pur, les hommes hospitaliers, la cuisine possible, la vie sans entraves...

Après ce repas, le plus mauvais certainement qu'ils eussent fait de leur vie, les deux compagnons se mirent aussitôt en quête de montures.

Les chevaux ne manquaient pas, à Wallula, et on leur en présenta bientôt un certain nombre, de formes superbes, quoique de petite taille, et paraissant endurcis à toutes les fatigues.

Il suffit d'ailleurs de savoir quel métier leur font faire les cow-boys, pour apprécier leur prodigieuse endurance, et les prendre de confiance, du moins en ce qui concerne la vigueur.

4

André fit choix d'une jolie bête alezan clair, à la crinière et à la queue noires, à l'encolure puissante, à l'œil vif, aux jambes sèches comme celles d'un cerf, aux sabots fins et durs comme du marbre.

Quant à Friquet...

Mais, laissons André sourire à la vue de la préférence, au moins singulière, manifestée par son ami, et rappelons combien est souvent irrésistible le goût des hommes de petite taille pour tout ce qui est doué de vastes proportions.

Les hommes petits portent volontiers de grands chapeaux, fument d'énormes cigares, s'engoncent dans de larges pardessus, habitent des appartements immenses, élèvent des molosses et épousent des femmes géantes.

Tout le monde connait cela.

Or, savez-vous sur quel cheval Friquet, notre Titi parisien, qui mesure environ cinq pieds de la cime à la base, jette du premier coup son dévolu ?

Sur un cheval d'une hauteur phénoménale, qui domine de toute l'encolure les intrépides poneys de l'Idaho, au milieu desquels il se dresse comme une autruche dans une bande de pintades !

Probablement quelque glorieux débris d'un

champ de courses, échoué, après des vicissitudes sans nombre à la dernière station du North-Western-Railroad.

Il s'approche de l'animal, le prend à la bride, lui caresse le poitrail, l'examine en connaisseur de haut en bas, d'avant en arrière, fait claquer sa langue d'un air de satisfaction, et dit à André :

— Voilà un dada qui fera mon affaire.

Les « citoyens proéminents » avaient quitté les hôtels et les saloons pour voir la négociation, un peu par désœuvrement, peut-être aussi dans le secret espoir de voir « enrosser » les deux Français.

Le choix de Friquet est à tel point inattendu, le contraste entre l'homme et l'animal est tellement violent, qu'un gros rire, aucunement malveillant d'ailleurs, éclate sur toute la ligne.

Friquet se dresse comme un petit coq en colère sur ses ergots, regarde de travers les groupes, hausse les épaules après un moment de réflexion et s'apprête, en gymnaste plutôt qu'en cavalier, à escalader le monticule de chair et d'os.

— Soit ! rira bien qui rira le dernier, murmure-t-il entre ses dents.

A l'instant précis où il prend son élan, une lourde main s'abat sur son épaule et une voix rauque, sortant comme d'une caverne d'un torse de géant, l'interpelle d'un ton gouailleur :

— Si le gentleman n'a pas d'échelle, pour monter sur ce monument, le colonel Jim s'offre de le hisser.

Friquet se retourne tout d'une pièce, toise le géant, un cow-boy du Kentucky, un de ces hommes mal équarris au physique, des brutes au moral et s'intitulant eux-mêmes : Moitié crocodile et moitié cheval.

— Dites donc, eh !... monument vous-même.

« Surtout, à bas les pattes, ou je cogne.

Pour le coup, l'hilarité des assistants atteint les proportions d'une rafale.

Le cow-boy n'ayant pas retiré sa main, Friquet le repousse d'un mouvement si brusque, que le colosse, parfaitement gris d'ailleurs, recule de trois pas en titubant et manque de s'abattre sur le sol.

Il reprend son aplomb, pousse un cri rauque, lève le poing sur le jeune homme et s'écrie d'une voix que la fureur étrangle :

— Rascal !... je vais te broyer le crâne.

— Et moi te casser comme une allumette, siffle Friquet de son organe aigu, en faisant en arrière un bond rapide et en se trouvant dans une irréprochable attitude de boxe.

En général, l'Américain est mal élevé, ou plutôt il n'est pas éduqué du tout, mais il n'est pas agressif, et le fond de son tempérament est plutôt bienveillant.

Plusieurs spectateurs de la scène essayent de s'interposer, et l'un d'eux, parlant au nom de tous, dit à André :

— Gentleman, emmenez votre ami... Le colonel Jim est ivre, et il va faire un malheur.

— Merci, gentleman, répond froidement André.

« Mais, votre colonel s'est conduit comme un malotru vis-à-vis de mon ami, il mérite une leçon, et il va la recevoir.

Puis s'adressant au Parisien :

— Hardi ! Friquet.

Le poing du géant s'abattait en même temps comme une masse, mais ne rencontrait que le vide, le jeune homme ayant paré imperceptiblement en s'effaçant avec une agilité de singe.

— Pour un colonel, vous boxez comme une moule, master Jim...

« Tenez, à vous ça, en attendant mieux.

On entend un coup sourd, et le Kentuckien ne peut retenir un hurlement de douleur. En même temps, son œil droit passe presque instantanément du gris de cendre au violet et une belle aréole couleur aubergine s'étend circulairement de la racine du nez à la tempe.

Le colosse, absolument démonté par cette riposte foudroyante, et ne possédant pas la résistance phénoménale des boxeurs de profession, non plus que leur adresse, s'imagine qu'il aura raison de ce chétif adversaire en le saisissant à bras-le-corps.

Friquet bondit de trois pas en arrière, fait observer aux gentlemen présents que son partenaire ne suivant plus les règles absolues du « noble jeu de la boxe », il va, de son côté, enfreindre ces règles.

— C'est juste !... Le Français a raison... Qu'il fasse comme il voudra.

— Eh bien ! allons-y, reprend Friquet, qui change sa garde, et sans effort apparent, détache au cow-boy une ruade courte et serrée qui le déracine, comme si on lui fauchait les deux jambes.

Il s'abat lourdement, se relève tout honteux, et, plus furieux que jamais, se rue sur le Parisien avec l'aveugle et irrésistible élan de la brute.

Mais, l'enragé gamin se dérobe de nouveau. Le voilà de côté. Vlan ! nouveau coup de pied qui paralyse l'élan de son adversaire. Puis un coup de poing qui fait sonner comme un gong le poitrail du crocodile mâtiné de cheval... Puis, une véritable grêle de horions s'abat sur le pauvre diable. Les os craquent, la chair bleuit, la sueur ruisselle, le sang coule... Puis, enfin, le colosse, meurtri, bosselé, défoncé, s'écroule littéralement sur la terre et reste sans mouvement, aux trois quarts assommé !

Alors, Friquet, à peine essoufflé par cette gymnastique endiablée, avise le cheval géant, l'amène près de son ennemi effondré, et se tourne vers les citoyens en proie à une stupeur facile à concevoir.

— Le colonel, dit-il de sa voix aiguë, a voulu me hisser sur ce cheval, mais il a fait sa proposition en des termes indignes d'un gentleman.

« J'ai cru devoir le rappeler à la politesse.

« Je n'ai plus aucun motif de lui en vouloir.

« Comme il est incapable de rentrer à l'hôtel, c'est à moi de lui en fournir les moyens.

A ces mots, il se baisse, empoigne d'une main le Kentuckien par le collet de sa veste de cuir, de l'autre par la ceinture du pantalon, le soulève sans effort, se cambre en arrière, le hisse au bout de ses deux bras et l'assied sur l'échine du cheval, à la crinière duquel l'autre se cramponne inconsciemment.

— C'est pas plus difficile que ça, quand on a un peu de nerf!

« Je le croyais plus lourd... c'est à peine s'il pèse cent kilos.

« Ces grands flandrins-là, ça n'a pas de dedans.

« Et maintenant, hue, Cocote!... Vous portez un citoyen très proéminent, mais un peu avarié... faut pas vous emballer.

« Je vais, d'ailleurs, vous conduire à la bride.

Mais, alors, cinquante bras s'étendent vers lui. La bride lui est violemment arrachée, et, sans qu'il sache comment cela s'est fait, il se trouve hissé sur les épaules des assistants en délire.

De tous côtés retentissent des cris d'enthousiasme, les bravos éclatent, les chapeaux volent en l'air.

Heep!... Heep!... Heep!... Hourra!...

Friquet, porté en triomphe sur les épaules les plus proéminentes, est conduit au plus prochain saloon avec André, qui peut à peine se soustraire à un pareil honneur, pendant que le colonel, étayé par des mains amies sur l'échine du grand cheval, prend la même direction et s'arrête à la porte du bar.

Chez de pareils hommes, les syncopes sont

courtes. Du reste, le bar-keeper, en homme à qui semblables accidents sont familiers, a quitté aussitôt la pose nonchalante qu'il occupait derrière son comptoir. En un tour de main, il improvise au blessé un breuvage connu sous le nom de *corpse reviver* (qui ranime les cadavres) et l'entonne dans le cratère béant formé par sa bouche.

Le colonel, secoué des cheveux aux talons par le liquide incendiaire, ouvre un œil, — l'autre est présentement hors de service, — avale sans désemparer un second drink, se tâte méthodiquement, reconnaît qu'il est atrocement courbaturé, mais qu'il n'a rien de cassé, puis, avisant Friquet qui boit un simple verre d'eau, lui tend la main en disant:

— Sans rancune, gentleman!...

« By God!... Vous n'êtes ni gros ni grand, mais vous êtes un rude homme.

« Vous avez fait aujourd'hui un joli tour de force, et conquis un ami.

Pendant que Friquet serre cordialement la main qui lui est tendue, les bravos éclatent, puis les mélanges les plus corrosifs et les plus extravagants circulent de tous côtés, l'ivresse monte, le tumulte grandit, la fête est complète.

Mais les deux Français ne se sont pas arrêtés à Wallula pour contempler, dans toute sa plénitude, une orgie d'aventuriers américains. Sobres comme il convient à de vrais explorateurs, ennemis d'ailleurs, par tempérament, des excès de mangeaille ou de beuverie, détestant surtout les boissons fermentées, ils ont hâte d'échapper à la bruyante ovation produite par l'incomparable vigueur de Friquet et ses talents de pugiliste.

Leur nouvel ami, le colonel si proprement rossé, voit leur préoccupation et devine leur intention de se dérober à l'anglaise.

— Ne vous mettez pas en peine, gentlemen, leur dit-il après avoir été brièvement informé de leur projet d'excursion au pays des Bisons.

« Fiez-vous à moi, et je vous garantis que demain, au plus tard à midi, vous serez abondamment pourvus de tout le matériel nécessaire.

« Tenez, vous allez voir.

Puis, de sa voix rauque dominant un instant le tapage qui emplit le saloon, il s'écrie :

— Eh! Bill... mon compère...

« Eh!... colonel Bill!...

— Comment, ne peut s'empêcher de dire Friquet, encore un colonel?

— Oh! cela n'engage à rien, gentleman, répond le géant avec un gros rire.

« Voyez-vous, chez nous, on a un peu la manie des titres.

« Une manie bien innocente et qui ne fait de mal à personne.

« Ainsi, tout le monde est plus ou moins général, ingénieur, juge, révérend, docteur, colonel ou professeur.

« Les plus modestes se contentent du titre de capitaine.

— Ah ! très bien.

« Mais vous, colonel, vous avez sans doute quitté depuis peu l'armée...

— Moi !... Du diable si j'ai seulement été sergent dans la milice.

« J'avais un frère qui commandait un corps franc à l'armée de Sherman. Il fut tué à la bataille de Kinston.

« On l'appelait colonel... j'ai hérité de son titre.

« ... Ah! c'est vous, Bill.

— Moi-même, Jim; qu'y a-t-il pour votre service ?

— Ces gentlemen ont besoin de deux chevaux, les meilleurs possible, et dans les prix doux, naturellement.

« Voulez-vous les leur procurer ?

— Sans doute, Jim, puisque cela vous fait plaisir.

— Il leur faut aussi un guide connaissant les dialectes des Indiens de la région... Voulez-vous être ce guide ?

— Pourquoi pas, si les gentlemen payent raisonnablement.

— Vous l'avez dit : raisonnablement.

« En votre qualité de guide, vous devez leur procurer également un chariot, avec deux bons chevaux de trait, plus quatre autres chevaux de selle, soit pour leurs compagnons, s'ils jugent à propos d'emmener quelques hommes d'escorte, soit comme montures de rechange ; en tout huit chevaux.

— All right ! ce sera fait demain matin, mais laissez-moi boire aujourd'hui.

« N'est-ce pas, gentlemen, termina le nouveau venu en tendant la main à André et à Friquet, restés jusqu'alors bouche close.

— Entendu, répondit André, singulièrement amusé par cette façon originale de procéder, tout en se réservant, d'ailleurs, de contrôler dès le lendemain, les faits et gestes du futur guide.

Sur ces entrefaites, le hasard mit en rapport le jeune homme avec un des ingénieurs de la voie qui avait fait ses études en France, et était sorti de notre École Centrale des Arts et Manufactures avec le diplôme d'ingénieur civil.

C'était presque un compatriote.

Il connaissait personnellement les deux « colonels » pour les avoir employés dans plusieurs occasions. Des aventuriers dans toute l'acception du mot, dégainant volontiers, tirant le revolver, buvant sec à l'occasion, mais scrupuleux observateurs de leurs engagements, esclaves de la parole donnée, bref, susceptibles de fournir d'excellents services.

D'autre part, débrouillards comme des gens habitués à tout improviser, connaissant admirablement le pays, sachant tous les patois et chasseurs déterminés.

Les deux Français ne pouvaient mieux tomber.

André, satisfait de ces renseignements, et suffisamment édifié sur la moralité spéciale des deux aventuriers, les engagea séance tenante, et leur offrit, en guise de denier à Dieu, le plus fantastique punch qui jamais ait flambé dans tous les établissements de la région du Nord-Ouest.

CHAPITRE V

Mr. Bill un peu plus colonel que son compère. — Un épisode de la guerre de la sécession. — Grandeur et décadence de deux chefs de corps. — En route pour le pays des Bisons. — Première étape. — Rencontre avec les Indiens. — Désillusion d'un Parisien qui croyait trouver encore les Peaux-Rouges des auteurs. — On scalpe toujours. — Les appréhensions du colonel Bill. — Précautions que rien ne semble justifier. — Troisième et quatrième étape. — Traces de bisons. — Sur la piste. — Friquet en sentinelle s'endort. — Seconde troupe d'Indiens. — Trahison.

— Et le colonel Bill?... demanda Friquet à l'ingénieur, quelques instants avant de battre en retraite devant l'indescriptible tumulte qui emplissait le saloon, est-ce aussi un colonel comme mon ci-devant adversaire Mr. Jim?

— Pas tout à fait, car il a commandé devant l'ennemi une troupe de volontaires... et quels volontaires !

— Ah bah !... Un vrai colonel, alors.

— Vous allez voir.

« C'était pendant la guerre de la Sécession. Le président des États du Sud, Jefferson Davis, avait résolu d'entrainer les Indiens Criks et Chérokis dans la Confédération.

« Il leur dépêcha à cet effet un agent, Albert Pike, un vrai type d'aventurier, tour à tour procureur, pionnier, maître d'école, officier de cavalerie, commis, journaliste, et finalement trappeur. Pendant le cours de sa vie de trappeur, il avait appris à connaitre les Peaux-Rouges et était entré en relations intimes avec un jeune Texien sans préjugés, répondant au nom de Bill.

« Il l'attacha à sa personne, prit le titre de général et lui conféra le titre de colonel.

« Puis, les deux compères se mirent à prêcher la croisade esclavagiste devant les Indiens qui se livraient alors au hideux trafic des noirs. En leur garantissant la liberté de ce négoce, en leur versant à flots le wisky, en leur promettant une haute paye et des vivres de campagne en abondance, ils réussirent à en enrôler environ cinq mille.

« Devenus l'un général et l'autre colonel pour tout de bon, ils endossèrent des uniformes chamarrés, ceignirent des sabres immenses, se coiffèrent de chapeaux à plumes et amenèrent leur contingent à une des armées confédérées commandée par Van Dorn.

« Tout d'abord, les Indiens bien traités par les chefs de l'armée régulière qui voulaient les apprivoiser complètement, menèrent une existence de cocagne.

« Mais, un beau jour, l'ennemi parut. Une armée du Nord, sous les ordres de Curtis, prenait l'offensive et ouvrait un terrible feu d'artillerie sur les troupes confédérées.

« Épouvantés par ces formidables détonations qu'ils n'avaient jamais entendues, fusillés par les feux de file qui brisaient leurs plus fougueux élans, ils lâchèrent pied et s'enfuirent dans les bois.

« Mais alors, les obus, qu'ils prenaient pour des objets tombés du ciel, les atteignirent jusque dans leur retraite, sans qu'il leur fût même possible de se cacher derrière les arbres qui s'abattaient, fracassés par l'ouragan de fer.

« Convaincus de l'inutilité de leurs efforts, ne voyant pas l'ennemi au milieu de la fumée, n'entendant plus leur cri de guerre perdu au milieu du tumulte de la bataille, ils se couchèrent à plat ventre, se couvrirent de sable et de cailloux et attendirent le soir sans bouger.

« Quand la nuit fut venue, ils se glissèrent sur le champ de bataille, passèrent au milieu des soldats endormis, scalpèrent les morts et les blessés, amis et ennemis, puis rentrèrent au camp avec les hideux trophées.

« Ce fut la seule fois que les Indiens combattirent pour la possession de leurs esclaves noirs.

« Le lendemain matin, les soldats chargés d'enterrer les cadavres reconnurent avec horreur la mutilation subie par les victimes du combat. Dans les deux camps un immense cri de réprobation s'éleva contre l'emploi de ces sauvages auxiliaires.

« Le général fédéral Curtis écrivit à Van Dorn, et, pour éviter les représailles, ce dernier dut aussitôt licencier son contingent rouge.

« Pike et Bill perdirent du coup leurs chapeaux à plumes, leurs grands sabres et leurs habits brodés.

« Le premier devint, après la guerre, agent des réserves, et master Bill conserva son titre de colonel.

« Il remplit aujourd'hui le dur métier de cowboy, qui va bien à sa robuste encolure d'aventurier, et s'accorde parfaitement avec son amour de l'indépendance.

. . . .

Le lendemain, à l'heure dite, c'est-à-dire à midi, le colonel Bill était prêt, et André vit avec plaisir qu'il avait conservé, de son court passage à l'armée du Sud, une ponctualité toute militaire.

Après avoir employé sa nuit à boire, il avait fructueusement consacré sa matinée à l'acquisition du chariot, des chevaux de selle et de trait et à leur essayage consciencieux.

André n'eut absolument rien à reprendre à ce choix judicieusement opéré, et demeura tout étonné du bon marché relatif.

Inutile de dire que le colonel, sans tenir compte des préférences pour le moins singulières de Friquet, avait remplacé par un superbe poney le cheval géant qui, à une pousse abominable, joignait une collection complète de molettes et de suros.

Pendant ce temps, le colonel Jim, qui avait guéri sa courbature en buvant comme quatre cow-boys, c'est-à-dire comme dix hommes ordinaires, avait racolé quelques bons sujets, triés sur le volet parmi la fine fleur des gentlemen sans ouvrage, et les amenait à André.

Celui-ci en engagea six pour un temps ne devant pas dépasser trois mois, après leur avoir posé les conditions d'obéissance absolue à ses ordres, et de respect pour la personne des Indiens.

Puis, on s'occupa séance tenante de l'approvisionnement du chariot qui reçut, outre les conserves solides et liquides: viande en boites, sucre, thé, café, wisky, farine, biscuit, lard, etc., les effets de campement et les objets de rechange appartenant à chaque homme.

Cette opération, rondement menée par les engagés, fut terminée à la nuit.

Comme ils avaient vaillamment travaillé, et que pendant de longs jours ils allaient être privés des joies bruyantes et des rasades incendiaires des bars, André les abreuva généreusement toute la nuit, à la condition formelle qu'on partirait le lendemain, une heure après le lever du soleil.

Ils tinrent scrupuleusement parole, et à l'heure dite, la petite troupe s'éloignait avec le chariot, pendant que les deux Français, qui en ces deux rapides journées étaient devenus la coqueluche de Wallula, étaient salués au passage par une véritable rafale de bravos et de hourras.

La première étape les conduisit à environ quarante kilomètres dans le Nord-Est, à peu près à moitié chemin de Waitsburg. Ils campèrent sur une éminence couverte d'herbes, et purent heureusement éviter, pour leur première nuit, les terres marécageuses qui s'étendent depuis la pointe du delta formé par la jonction de Snake-River avec la Columbia, jusqu'à une distance assez considérable vers le Nord-Est.

Plus loin, les terrains montent insensiblement, et la Prairie s'étale à perte de vue avec sa monotone uniformité.

Ils se remettent en marche et rencontrent pour la première fois des Indiens. L'aspect de ces « guerriers » n'a rien de bien remarquable, et Friquet, encore tout imprégné des traditions passées, peut à peine concevoir qu'il se trouve en présence de ces Peaux-Rouges qui ont fourni tant d'éléments aux écrivains anglais, français ou américains.

Eh quoi! ces hommes d'une laideur banale, sans caractère, aux traits abêtis, sont les descendants des héros de Cooper, de Mayne-Reid, de Gustave Aimard et de Gabriel Ferry!

Ces loqueteux sinistres, enveloppés de couvertures sordides, coiffés à la diable de chapeaux que rebuteraient les chiffonniers les moins susceptibles de préjugés, représentent aujourd'hui les anciens maîtres de la grande Prairie !

Cœur-Loyal, Uncas, Costal, Gros-Serpent qu'êtes-vous devenus !

Plus de mocassins aux fines broderies, curieusement agrémentés de franges multicolores et de poils de porc-épic, mais d'ignobles souliers béants radoubés avec des ficelles; plus de peintures éclatantes, au moins originales, sinon harmonieuses, mais une épaisse couche de crasse; plus même de mèche à scalper... cette mèche ornée de plumes d'aigle, que les hommes rouges portaient par bravade, et comme un défi permanent à leurs ennemis.

Les cheveux noirs, longs et raides, s'échappent de dessous le feutre, et retombent en mèches plates et rebelles sur le front, la nuque et les joues.

Le Parisien est complètement démonté.

Il apprend cependant du colonel Bill qu'ils n'ont pas renoncé à l'usage de scalper les « visages pâles ». Mais cette opération, sauf de rares exceptions, n'est plus, comme autrefois, le terrible épilogue de ces luttes homériques comme en engageaient les Indiens et les pionniers.

Quand un jeune guerrier rencontre dans un

5.

coin un émigrant irlandais ou un cow-boy ivre-mort, il lui enlève subrepticement sa chevelure.

Bien que « à vaincre sans péril on triomphe sans gloire », ce filoutage d'un cuir chevelu que son possesseur ne songe même pas à défendre, vaut à l'artiste l'estime des chefs et l'admiration des jeunes « squaws ». Cela lui procure, en outre, le désagrément d'être pendu au premier arbre venu, quand il lui arrive, sous l'influence du wisky, de se vanter de son mauvais coup.

Ils sont une vingtaine. Quelques-uns portent des carabines Winchester à répétition, les autres des armes à percussion en excellent état. Leurs chevaux, appartenant à la race dite des Prairies, ne paient pas de mine, mais possèdent, au dire des cow-boys, un fond prodigieux et une vitesse remarquable.

En dépit des observations des deux colonels, qui jurent que c'est du bien perdu, André leur fait distribuer quelques aliments et une ample rasade de wisky.

— Voyez-vous, gentlemen, continue Mr. Bill, qui ne manque jamais de lâcher sa bordée contre les Indiens, les coquins n'ont même pas la reconnaissance de l'estomac, et c'est toujours une faute grave de leur montrer qu'on a une provision d'alcool.

— Bah ! vous voyez les choses au pire, colonel.

— Je les vois en homme soucieux de conserver, avec ma chevelure, celle des gentlemen dont je me suis constitué le gardien.

« Pas vrai, Jim ?

— Exactement vrai, Bill.

André leur ayant adressé la parole en anglais, celui qui parait le chef lui répond, d'une façon fort intelligible, qu'il se nomme Chien-Rouge et qu'il appartient à une fraction de la grande tribu des Nez-Percés.

— Traduisez des Francs-Coquins, interrompt le colonel plus rogue et plus défiant que jamais.

Interrogé s'il a connaissance de quelques troupeaux de bisons, le chef affirme que, malgré la saison avancée, ils en rencontreront certainement sur l'autre côté de Snake-River.

— Voilà qui fera bien notre affaire, n'est-ce pas, gentlemen ? reprend André tout heureux d'apprendre que le gibier objet de sa convoitise se trouve relativement aussi rapproché.

— Et moi, je n'en crois rien ! riposte le cowboy.

« Ces faillis chiens auraient inventé le mensonge...

« Enfin, qui vivra verra.

Les deux troupes se quittèrent cordialement, et les chasseurs continuèrent leur route vers Waitsburg, où ils arrivèrent sans incident.

Le lendemain soir, ils campaient à Tucannor, la bourgade ravagée deux mois auparavant par les cow-boys, ainsi que le leur avait annoncé le clerc canadien de l'hôtel de Portland. Les baraques en planches et les tentes étaient en fort mauvais état, et portaient encore effectivement quelques traces de l'incendie.

Depuis la rencontre de la troupe de Chien-Rouge, la défiance du colonel Bill semblait s'être accrue dans des proportions que rien ne semblait justifier, et il manifestait presque à chaque instant des appréhensions au moins singulières, de la part d'un aventurier rompu comme lui aux vicissitudes de la vie sauvage.

Il n'avait voulu s'en rapporter à aucun de ses hommes pour prendre les devants et éclairer la route, et avait confié cette mission délicate à Mr. Jim, son compère.

Quant à lui, il poussait matin et soir une longue pointe en arrière, revenait sur son cheval blanc d'écume, à moitié fourbu, et mastiquait rageusement son tabac en grommelant.

André, que de telles précautions étonnaient à

: sont des loqueteux enveloppés de couvertures sordides. (Page 80.)

bon droit en pareil lieu, pouvait à peine le faire sortir du mutisme qui avait succédé au verbiage du premier jour.

— Que voulez-vous, gentleman, répondait-il quand le jeune homme lui demandait le motif de ces randonnées, je me défie.

— Et de quoi ?

— De tout !

— Mais encore ?

— Du danger que mon flair de vieux routier m'indique en arrière.

« Que le diable torde le cou à ces sacripants de Peaux-Rouges !

— Comment ! ce sont eux qui vous exaspèrent à ce point ?

« Leur rencontre n'a pourtant rien de bien étonnant.

— Vous avez raison, puisque nous sommes dans leur pays.

« Je n'ai rien à vous dire de précis, et ne puis que vous répéter : Je me défie.

Les chasseurs atteignirent pourtant sans encombre Snake-River, qu'ils franchirent sur un bac primitif installé en face de Palouse-Farm.

Ils reçurent l'hospitalité à Palouse-Farm, située sur un coteau où abonde le buffalo-grass, et dont le propriétaire possède d'énormes troupeaux de bœufs.

C'est le dernier poste occupé par des blancs sur ce point de la Prairie.

Au grand étonnement du colonel Bill, la présence de plusieurs troupeaux de bisons dans la direction du Nord-Est fut confirmée par le ranchman, et cette nouvelle fut cause que l'on se mit en route dès le lendemain, au grand regret des cow-boys, qui eussent bien voulu rester un jour de plus avec leurs compagnons du ranch.

La petite troupe avait donc quitté Wallula depuis cinq jours. Dans deux jours au plus elle devait atteindre la réserve des Cœurs-d'Alène.

Après avoir franchi une série d'éminences mamelonnées, toujours couvertes d'herbe à buffalo, et qui encaissent cette partie de Snake-River, elle déboucha dans Kamas-Prairie, qui s'étend à perte de vue en plan horizontal.

Bientôt, le colonel Jim, qui a pris les devants, selon son habitude, revient au galop, en poussant un hourra joyeux.

— Les bisons !... gentlemen... Les bisons !...

Une exclamation de plaisir accueille le porteur de cette bonne nouvelle, et l'on dresse aussitôt un plan de bataille en prévision de la rencontre imminente avec ce superbe gibier.

Jim n'a pas vu les bisons « par corps », mais à moins de six milles dans le Nord, il a trouvé des traces toutes fraîches indiquant, sans erreur possible, la présence des animaux dans un périmètre assez restreint.

Les deux Français, incapables de maîtriser plus longtemps leur ardeur, sont d'avis de pousser aussitôt de l'avant et de joindre, s'il est possible, le jour même, cette proie qu'ils sont venus chercher de si loin.

— Mais, le chariot ne pourra pas nous suivre, observe non sans raison le colonel Bill.

— Qu'à cela ne tienne, répond André.

« Il restera ici avec Mr. Jim et nos six hommes, et nous irons tous trois en découverte, vous, colonel, avec Friquet et moi.

« Si la poursuite nous entraîne trop loin, nous camperons dans la Prairie. Cette nuit à la belle étoile ne sera vraisemblablement pas la dernière et nous rejoindrons le chariot demain dans l'après-midi.

« Avez-vous quelque objection à faire à ce plan?

— Aucune, dit de son air froid Mr. Bill qui, en homme incapable de discuter un ordre, s'empresse d'opérer ses préparatifs.

Friquet et André l'imitent sans perdre un

moment. Ils emballent à la hâte quelques provisions, renouvellent leurs munitions, roulent leurs couvertures, vérifient leurs harnachements, s'assurent du bon état de leurs armes et s'élancent sur la piste, après avoir recommandé bonne garde au colonel Jim et à ses hommes.

Ils galopent de la sorte pendant plusieurs heures, en suivant comme un chemin frayé, les traces nombreuses et lourdement empreintes sur le sol et les herbes écrasées.

L'impatience les gagne en voyant que, malgré leurs efforts, ils ne peuvent arriver à joindre les sauvages ruminants. Friquet surtout ne demande qu'à continuer la poursuite, mais, il importe de laisser reposer les chevaux, qui auront sans doute à fournir de nouvelles et plus longues courses.

Il ne peut être question de retourner au campement sans avoir au moins reconnu « par corps » les nomades habitants de la Prairie. Comme le jour va baisser, on pourvoit aux apprêts d'un dîner sommaire, vrai festin de chasseurs, et aux nécessités d'un campement improvisé.

Le dîner se compose de deux biscuits par homme, d'une boîte de corned-beef, de thé léger additionné d'un verre de wisky.

Pour coucher, un bon matelas de buffalo-grass, sur lequel est étalée une couverture, avec la selle pour oreiller.

Les chevaux, soigneusement entravés, dans l'herbe jusqu'au ventre, croquent bruyamment les tiges savoureuses et s'ébrouent joyeusement, avant de s'allonger non loin de leurs maîtres.

Et Friquet, étendu sur sa couche odorante, avec la voûte du firmament pour ciel-de-lit, s'endort près de son fidèle Winchester, en se déclarant qu'il est plus heureux que tous les monarques, présidents de Républiques et chefs quelconques des États petits ou grands, civilisés ou non des deux hémisphères.

Il a probablement raison.

Le colonel a pris la garde pendant que ses compagnons reposent.

Bien que la Prairie paraisse absolument sûre, c'est là une précaution élémentaire dont il ne faut jamais se départir, quelque inutile qu'elle paraisse en principe.

Après deux heures de faction, l'aventurier réveille André qui se lève sans bruit, arme sa carabine et se met à faire les cent pas en veillant sur ses compagnons et les chevaux dont les mâchoires fonctionnent toujours.

Le jeune homme ravi de ce calme qu'il savoure en véritable ami de la nature, s'aperçoit à peine du lent défilé des heures. En outre Friquet dort de si bon cœur qu'il lui accorde généreusement une heure de plus, et le laisse rêver à son aise de bisons, de Peaux-Rouges et de chevauchées à travers les grandes plaines du Nord-Ouest.

Puis, c'est le tour du Parisien de monter la garde, et de veiller à la sécurité de tous. Telle est sa vigilance, telle est aussi l'ardente convoitise qui tend ses nerfs et sollicite les facultés de son cerveau, qu'après avoir contemplé pendant un petit quart d'heure les étoiles... il s'endort du sommeil du juste, sans pouvoir dominer la somnolence qui l'envahit.

Déjà l'horizon pâlit. Les ronflements sonores expectorés par le colonel, s'arrêtent dans sa gorge, André ouvre les yeux, et le Parisien, allongé sur son Winchester, dort toujours à rendre jaloux tout un clan de marmottes.

— *By God!*... s'écrie la voix enrouée du cowboy, il faut avouer que nous sommes bien gardés.

« Capitaine, vous vous êtes endormi comme un simple conscrit...

— Mâtin!... répond Friquet en se levant d'un

bond, je mériterais d'être flanqué aux fers.

« A-t-on vu pareille souche !

— Une autre fois, capitaine, reprend le Yankee, je doublerai mes heures de quart...

— Eh ! pardieu ! appelez-moi caporal et fichez-moi au bloc.

« Je mérite tous vos reproches, bien que à mon avis il n'y ait pas plus de danger à dormir ici que dans la batterie d'un cuirassé.

— Telle n'est pas mon opinion, master Friquet, et pour un voyageur endurci qui, comme vous, a évolué dans tous les pays du monde, vous en prenez bien à votre aise.

— Vous croyez donc toujours que le pays n'est pas sûr ?

— Plus que jamais, master Friquet, et je désire me tromper.

— Allons, colonel, sans rancune ; je me comporterai mieux une autre fois, et si l'occasion se présente de faire face à ce danger, vous verrez comme on se patinera.

— Je n'en doute pas, sans quoi, je ne serais pas avec vous en ce moment.

Les chevaux furent harnachés et reçurent à tour de rôle un peu d'eau contenue dans des outres, puis, les trois compagnons, après avoir entassé à la hâte quelques larges bouchées, se mirent en selle et galopèrent de nouveau sur la piste des bisons.

Plusieurs heures s'écoulèrent encore sans qu'ils eussent rien découvert, et le colonel, d'accord en cela avec André, parlait de rallier le campement, quand ils tombèrent à l'improviste sur un nouveau groupe d'Indiens, arrêtés au milieu d'un bouquet d'arbres de moyénne taille.

— Les coquins sont comme nous à la poursuite des buffalos, dit à voix basse le colonel à André, voilà pourquoi notre gibier se dérobe avec tant de ténacité.

« Le buffalo fuit le Peau-Rouge comme la peste.

Celui qui parait le chef, les invite, en anglais presque inintelligible, à mettre pied à terre et à fumer le calumet près du maigre brasier autour duquel sont accroupis ses hommes.

Les trois chasseurs acceptent, attachent leurs chevaux par la longe, et André décroche sa peau de bouc catalane pleine de wisky, sachant qu'une lampée d'alcool sera la meilleure des entrées en matière.

Non moins malpropres, non moins haillonneux que leurs congénères rencontrés précédemment, ces Indiens s'expriment beaucoup plus mal en anglais.

Aussi, le chef, voyant que les trois blancs comprennent à peine ses expressions, leur adresse-t-il la parole dans sa propre langue que beaucoup de chasseurs et de cow-boys de la frontière comprennent parfaitement.

— Au diable l'animal!... s'écrie le colonel avec une brusquerie affectée.

« L'homme rouge croit-il que des chasseurs blancs venus du pays du grand-père de Washington (1), parlent le langage des guerriers de la Prairie!

— Mon frère ne connaît pas la langue des Nez-Percés?

— Votre frère!... moi!...

« Hum!... bah!... C'est vrai... les clergymen enseignent que tous les hommes sont frères...

« Mais, il y a si longtemps que je n'ai entendu de sermon.

« ... Votre frère, mon digne Peau-Rouge, n'entend pas un mot de votre baragouin.

« Voilà qui est formel.

— Mais, colonel, interrompt André à voix basse, je croyais que...

---

(1) Le président de la République américaine.

— Silence !... J'ouvre les oreilles.

« Restons près des chevaux, je m'attends à quelque diablerie.

— Mes frères ne s'assiéront-ils pas au foyer du Loup-des-Prairies ? reprend dans son mauvais anglais l'Indien dont les traits ont reflété une vive et passagère émotion, en apprenant que les blancs ne connaissent pas son dialecte.

— Non.

« Vos frères sont des chasseurs de buffalos qui sont pressés de suivre la piste du troupeau.

« Si le Loup-des-Prairies veut leur donner quelques renseignements, il aura de l'eau-de-feu.

— Haugh !... répond simplement le Peau-Rouge, chez lequel cette interjection gutturale peut passer pour un assentiment.

Puis, sans se presser, d'une voix bien intelligible, il donne à ses hommes, une quinzaine de drôles qui l'écoutent sans sourciller, un ordre dans sa propre langue.

Le colonel qui a eu l'heureuse inspiration d'affirmer son ignorance, et qui comprend tout, ne perd pas un mot et peut ainsi déjouer la plus infâme trahison.

Sans donner le moindre signe d'émotion en entendant le misérable commander à ses sacripants de se jeter sur les trois chasseurs et de s'en emparer vivants, il met la main à la petite poche placée aux reins, sous la ceinture de son pantalon, en tire son revolver tout armé, et le décharge au beau milieu de la figure du traître.

CHAPITRE VI

Poignante alternative. — A travers les flammes. — Sauvés! — Friquet eût été désespéré de finir comme un quarteron de marrons. — La réserve des Cœurs-d'Alène. — Contraste. — Indiens laboureurs. — La paix armée. — [B'jou!... B'jou!... — Les « petits gars » du père Baptiste. — Le vieux patois franco-canadien. — Le village. — L'école. — Le curé maître d'école. — Instruction gratuite et obligatoire!... — A la maison. — Dîner improvisé. — On chassera le buffalo. — La veille d'une ouverture de chasse... au pays des Bisons.

Alors se produisirent les dramatiques incidents qui suivirent le meurtre du chef Indien par l'Américain, et qui sont racontés au premier chapitre de cette véridique histoire : la fuite des trois chasseurs à travers la prairie, la poursuite, leur arrivée au campement, la vue de leurs compagnons massacrés et mutilés.

Cette catastrophe rendait leur position terrible, presque désespérée.

Incapables de reprendre l'offensive, réduits à leurs seules ressources, cernés de trois côtés par les détachements des sauvages cavaliers manœuvrant avec une précision diabolique, acculés à la ligne de feu qui coupait la prairie du quatrième côté, ils se voyaient menacés de toutes parts, sans presque entrevoir de possibilité de s'échapper.

La situation était donc pour eux résolue dans cette poignante alternative : se ruer sur les Peaux-Rouges, essayer d'opérer une trouée, périr peut-être en combattant, ou s'élancer à travers les flammes.

Mieux valait encore courir la chance, hélas ! bien aléatoire, d'échapper à l'incendie. Le feu n'est pas toujours implacable. Il procure au moins une mort prompte, tandis que les Indiens ignorent la pitié, et les tortures qu'ils infligent à leurs prisonniers sont susceptibles d'épouvanter les plus braves.

C'est alors que Friquet, sur l'ordre donné par André, mouilla les couvertures, les coupa en deux, et enveloppa la tête et le poitrail des chevaux. Puis, les cavaliers se drapèrent tant bien que mal chacun dans une moitié, et, mettant l'éperon au flanc de leurs montures, se précipitèrent dans la fournaise.

Une horrible sensation que rien ne saurait définir les envahit aussitôt. Incapables de respirer, crispés à leurs selles, sentant grésiller leur barbe et leurs cheveux, voyant rouge à travers leurs paupières abaissées, assourdis par le ronflement de l'incendie, léchés par les flammes, éperdus, malgré leur intrépidité, ils ont vaguement conscience que leurs forces, leur intelligence, leur vie sont suspendues.

Les chevaux, dont les pieds sont calcinés par les tisons, dont les flancs sont mordus par le feu, hennissent douloureusement, galopent affolés, à moitié asphyxiés par la fumée et les cendres embrasées.

Cette affreuse impression de cauchemar qui se résume pour les hommes dans cette effroyable pensée : « Je suis dans une fournaise ! » dure trente secondes !...

Trente secondes longues comme des heures. Ils se sentent périr, la respiration va leur manquer tout à fait, les chevaux vont s'abattre...

Une atmosphère moins brûlante les enveloppe soudain, puis une voix stridente domine les multiples bruits de l'incendie.

— Hardi !... mes amis.

« C'est la petite mort !...

« Enfoncés, les sauvages, nous sommes sauvés ! »

C'est Friquet qui vient d'arracher brusquement sa couverture déjà roussie sous laquelle il suffoque, et qui, d'un coup d'œil rapide lancé à travers la fumée moins dense, voit s'agiter devant lui les graminées vertes de la prairie.

Un éternuement sonore lui répond sur la droite.

— A vos souhaits ! colonel, dit-il au cow-boy, dont les yeux rougis, aux cils grillés, peuvent à peine s'ouvrir.

« Eh ! m'sieu André, vous pouvez ôter votre capuchon.

« Vous savez, ça y est...

— Ah ! mon cher gamin, répond nerveusement le jeune homme, je n'espérais plus te revoir.

— Merci ! vous êtes bien bon, mais, si ça ne vous fait rien, ça sera pour une autre fois.

Les chevaux, à ce moment, s'arrêtent d'eux-mêmes, buvant pour ainsi dire le vent frais qui leur vient de la rivière, dont les eaux blanchâtres scintillent à cinq cents mètres à peine.

— Messieurs, interrompt l'Américain ému peut-être pour la première fois de sa vie, c'est dans de pareilles circonstances qu'on reconnaît la valeur des hommes.

« Vous êtes des braves; permettez-moi de vous serrer la main et de vous dire : Ce sera entre nous à la vie, à la mort.

— Mais, de tout cœur, riposte l'enragé gamin.

« Une bonne poignée de main, et nous voilà amis pour toujours.

« Aïe !... serrez pas trop fort, y a des cloques à mes doigts.

« Faudra que j'y passe un petit brin de fil... quand j'en aurai.

« Eh bien ! m'sieu André, quand nous raconterons celle-là aux copains de l'ouverture de la chasse en Beauce, je crois bien qu'y en aura pas un seul pour regretter la partie...

« C'est ça qu'aurait pas été drôle, de finir comme un quarteron de marrons !...

Cet aperçu au moins pittoresque de la situation déride un moment le jeune homme, dont les traits reprennent bientôt une vive expression de douleur, en pensant à ses malheureux compagnons massacrés.

Les chevaux, agités d'un tremblement convulsif, le poil flambé, la peau calcinée par places, reprennent le trot, hennissent plaintivement, et se dirigent vers la rivière.

Leurs cavaliers, après les avoir débarrassés des couvertures, se sont assurés qu'ils peuvent continuer la route. Ils jettent un dernier regard sur l'immense ligne de flamme et de fumée qui se tord derrière eux, gagne sous le vent et oppose la meilleure barrière à tout retour offensif de la part de leurs ennemis.

Quelques minutes après ils se baignaient, avec la volupté que l'on peut croire, dans les eaux tranquilles de Palouse-River.

. . . .

Le petit territoire sur lequel il a plu aux hommes d'État de l'Union américaine de reléguer les Indiens Cœurs-d'Alène, est borné à l'Ouest par une ligne idéale de dix kilomètres, qui suit le 117° de longitude Ouest de Greenwich. La limite méridionale est empruntée au 47° parallèle Nord au point où il coupe le 117° méridien et se prolonge de dix kilomètres vers l'Est. En élevant une perpendiculaire de dix kilomètres sur ce 47° parallèle, et en la joignant par une ligne transversale ayant naturellement la même longueur, on aura un carré parfait de quarante kilomètres de côté.

Soit seize cents kilomètres carrés, ou cent soixante mille hectares ; environ la superficie de l'arrondissement de Châtillon-sur-Seine.

Le lecteur pourrait, à bon droit, trouver les dimensions de ce territoire quelque peu exiguës

6.

et taxer de parcimonie les dispensateurs de la fortune territoriale en Amérique.

Mais, qu'il se rassure. Si quarante-cinq mille Français trouvent moyen de ne pas être trop à l'étroit sur cette partie du département de la Côte-d'Or, à plus forte raison quinze cents Indiens seront à l'aise sur une égale superficie.

D'autant mieux que, comme nous l'avons dit précédemment, les Cœurs-d'Alène sont devenus absolument sédentaires depuis plus de quarante ans déjà.

Or, le point où les trois fugitifs ont traversé Palouse-River se trouvant à dix kilomètres seulement du 47° de longitude Nord, il leur suffit, après un bain prolongé qui les remet complètement, ainsi que leurs montures, d'exiger des pauvres bêtes un dernier effort, pour arriver, en trois quarts d'heure, sur le sol de la réserve.

A peine se sont-ils avancés d'un kilomètre sur le petit territoire dont le colonel Bill leur a indiqué au passage la limite, qu'un spectacle singulier s'offre à leurs regards.

Derrière une épaisse ligne d'arbres nains destinés sans doute à couper l'effort du vent soufflant de la Prairie, deux hommes simplement, mais proprement vêtus à l'européenne, leur apparaissent tout à coup.

L'un soutient les mancherons d'une charrue à laquelle sont attelés deux bœufs de petite taille, mais de formes superbes, qui tirent doucement, sans à-coup, sans effort apparent, l'instrument agricole. L'autre le suit à trois pas, et porte dans le bras un panier contenant des grains de maïs, qu'il dépose méthodiquement dans le sillon.

On concevra sans peine quel doit être l'étonnement des trois fugitifs.

A peine échappés à un danger terrible, l'esprit frappé du massacre de leurs compagnons, entendant encore les hurlements de fureur poussés par leurs féroces ennemis, n'ayant qu'à lever les yeux vers le Sud pour voir le nuage de fumée grise planant sur la Prairie, sentant enfin leur visage et leurs membres endoloris par la morsure des flammes, et tomber ainsi sans transition, en moins d'une heure, en pleine bucolique, ils peuvent à peine croire à la réalité de ce contraste, tant il est violent et inattendu.

Cependant, les deux laboureurs viennent de les apercevoir. Le premier arrête son attelage d'un cri guttural, pousse un coup de sifflet strident, et s'arme tranquillement d'une carabine Winchester qu'il porte en bandoulière. Son compagnon dépose son panier sur le sol, enlève en un tour de main le joug des bœufs, pique ceux-ci de deux coups d'aiguillon, et saisit à son tour une carabine qu'il porte également en bandoulière.

Les bœufs s'éloignent au grand trot, en poussant un long mugissement, pendant qu'à la surprise toujours croissante des voyageurs, deux superbes chevaux des prairies accourent en caracolant, sans selle ni bride, les crins et la queue au vent, et viennent se ranger près des deux hommes.

D'un bond qui fait l'admiration de Friquet, ils s'élancent sur la robuste échine des chevaux ; ils vont s'enfuir ventre à terre, quand André, obéissant à une soudaine inspiration, tire de sa poche un mouchoir blanc, l'agite et s'écrie en anglais :

— Amis !... ne craignez rien, nous sommes des Français.

Ces quelques mots opèrent comme un talisman. Loin de s'enfuir, les deux inconnus s'avancent, et sans pourtant quitter leur attitude défensive, arrivent à quelques pas du groupe.

— Mais, ce sont des Indiens, ne peut s'empêcher de dire en français Friquet au comble de l'étonnement.

En entendant ces paroles, le visage impassible

des laboureurs s'éclaire d'un bon sourire. Ils remettent leur arme sur l'épaule et tendent la main en s'écriant, joyeux comme de grands enfants :

— B'jou !... B'jou !...

Une corruption de notre bonjour.

Puis, l'un d'eux reprend :

— Ah ! m'sieu, v'êtes Franças...

— Franças d'France ?... continue le second.

— Oui, mes braves amis, répond André tout ému de cet accueil sympathique, des Français de France.

« Mais vous, qui donc êtes-vous, pour parler ainsi notre langue?

— J'm'appelle Blaise, et mon frère Gilbert.

— Alors, vous n'êtes pas Indiens.

— Tout c'que gn'y a d'pus Cœur-d'Alène, et d'la résarve, ben !

« Mais, v'nez donc cheux nous.

« J'jasons un brin frança, pa'ce que j'sons les p'tits gars à Baptiste.

— Oui, reprend l'autre, l'vieux Baptiste, nout' grand-pé, un ancien Bois-Brûlé du Canada.

« Allons, v'nez à la « méson ».

— Mais, nos chevaux n'en peuvent plus, et nous-mêmes sommes harassés.

— L'fait est qu'vos pouv'er' chevaux avons l'air forbus, et vous itou.

« Bah ! c'est jamais qu'dé bêtes ; fau'ra ben qu'y f'sions les deux yeues qu'y a d'icite là-bas.

On se mit en route sans plus tarder, en laissant la charrue dans le sillon inachevé, pendant que les bœufs, heureux de cette relâche inespérée, s'en vont retrouver leur pâturage.

Le colonel Bill, qui ne comprend pas, et pour cause, un traître mot de l'entretien, ferme la marche sans desserrer les dents. Friquet, interloqué à l'aspect de ces Indiens si différents de ceux auxquels il a eu affaire une heure auparavant, fait de laborieux efforts pour saisir le fil de la conversation, et n'y arrive que très imparfaitement, car les mots, ressemblant au patois des campagnes d'Eure-et-Loir, coupés d'ailleurs de nombreuses syncopes, perdent pour lui leur signification.

Quant à André, ces antiques vocables transportés là-bas par les émigrants français, conservés pieusement de père en fils, comme une tradition de famille, avec toute leur saveur de terroir, lui sont absolument familiers, et il lui semble converser amicalement avec ses fermiers beaucerons.

L'analogie est par moments tellement forte, les plaines bien cultivées que l'on traverse prêtent à ce point à l'illusion, qu'un peu plus il oublierait le lieu où il se trouve.

Mais le but, sinon les termes de la conversation le rappellent à la réalité.

Il raconte à leurs nouveaux amis le motif de leur voyage, et surtout l'inqualifiable agression dont ils ont été victimes, agression qui a suivi de si près l'égorgement des hommes d'escorte.

Blaise et Gilbert l'écoutent en donnant des signes de colère et en ponctuant d'énergiques exclamations le récit de cette horrible aventure.

Il apprend que ces misérables assassins n'appartiennent à aucune fraction des tribus indiennes du voisinage. Les Nez-Percés, dont la réserve est peu éloignée, sont de « bon monde » cultivant leur terre, chassant la fourrure, et ne molestant jamais les voyageurs.

Mais, voilà, il y a du « mauvais monde » partout, et ces « guerdins-là » sont un ramassis de « voleux » et d'assassins qui écument la Prairie, pillent et massacrent les émigrants, sans pourtant oser s'approcher trop près des réserves, où ils sont reçus à coups de carabine et pendus quand on peut s'en emparer.

Ici, sur le petit territoire, il n'y a plus aucun danger. Les cinq cents hommes qui l'habitent, avec leurs familles, de véritables soldats laboureurs, n'étant pas hommes à se laisser malmener.

Après une marche rendue très pénible par la fatigue résultant des incidents antérieures et de la terrible chevauchée qui suivit, ils arrivent enfin en vue d'un joli village assez régulièrement bâti, et bien abrité contre les vents de la plaine par des coteaux en pente douce.

Les cases, de véritables maisonnettes, édifiées en troncs bruts de sapins amenés des derniers contreforts des Montagnes Rocheuses, sont pittoresquement groupées autour d'une petite église, située elle-même au milieu d'une place ombragée de beaux arbres.

Des femmes, vêtues de robes de cotonnade fort propres, évoluent, affairées comme de vraies ménagères, et tout un clan de gamins, sommairement habillés d'une chemise et d'un pantalon, tête et pieds nus, cabriolent, comme de petits fous, devant un bâtiment assez vaste, aux larges fenêtres, devant lequel un vieillard fume gravement une longue pipe à tuyau et à fourneau de bois.

— C'est nout' école, dit Gilbert, en cicérone dont rien ne peut lasser la patience.

— Avec nout' curé, qu'est itou l'mait' d'école, renchérit Blaise, heureux de montrer aux étrangers que le village indien n'est pas une bourgade de sauvages.

— Comment! une école, interrompt Friquet, au comble de l'étonnement.

— Dam' oui; tout l'monde sait lire, cheux nous.

« D'abord, tout un chacun est forcé d'envoyer les enfants à l'école.

— Forcé... Par qui donc?

— Mais, par nout' conseil, da!

— Comment, votre conseil... municipal, sans doute.

—... Municipal?... p'têt'e ben qu'on dit comme ça en France.

« Dans c'pays cite, c'est le conseil des vieux nommés par tout l'monde.

Les deux Français, l'Américain lui-même, sont absolument stupéfaits à la vue de l'ordre, de la prospérité qui règnent sur ce petit coin de la Prairie, et dont la vue évoque en eux la pensée d'une oasis en plein désert.

Le vieillard retire sa pipe, souhaite cordialement la bienvenue aux étrangers, et veut les faire entrer dans sa demeure, mais Blaise et Gilbert, tenant absolument à leur offrir l'hospitalité, le remercient dans la langue indienne, qui leur semble beaucoup plus familière que le patois franco-canadien.

— Bien, mes enfants, très bien, répond cordialement le vieillard en excellent français.

« Quant à vous, messieurs, je ne vous tiens pas quittes; et si la compagnie d'un solitaire qui, en devenant aux trois quarts Indien n'a pas oublié son pays, ne vous effraye pas trop, j'espère que vous viendrez partager mon diner.

« Un mauvais dîner offert de bon cœur, termine-t-il en souriant.

— Mais, vous êtes Français ! s'écrie André tout ému en tendant à son interlocuteur une main que celui-ci serre vigoureusement.

— Je suis Canadien, ce qui est à peu près la même chose, et je puis vous affirmer qu'il n'est pas, sur tout le continent Américain, un endroit où le nom de la France soit plus aimé et plus respecté.

« Mais, vous êtes harassés, vos chevaux peuvent à peine vous porter, mes amis Blaise et Gilbert vous réclament, et mes jeunes écoliers n'ont pas encore terminé leur tâche.

« Messieurs, à bientôt.

...A ces mots, le curé-magister agite une clochette, les enfants interrompent leurs jeux, se mettent sur deux rangs, rentrent silencieusement à l'école, et les trois voyageurs qui croient rêver, prennent congé de lui.

Cinq minutes après, ils s'arrêtent devant une maison construite comme ses voisines, en gros troncs non équarris. Leurs chevaux dessellés et débridés en un moment, sont pourvus d'une ample provende, pendant que les obligeants conducteurs appellent d'une voix de stentor les ménagères.

Leur arrivée révolutionne littéralement ce modeste intérieur.

En un tour de main, un repas frugal mais substantiel est improvisé. Le feu flambe, le beurre — du vrai beurre — frissonne dans la poêle, une omelette s'épaissit et se dore. Des plats et des assiettes de fer sont étalés sur une table rustique, du pain un peu noir, un peu compact, mais tel que n'en a jamais mangé un Américain de la Prairie, est tiré d'un coffre rappelant la huche classique de nos paysans, avec un morceau de porc froid rôti, et nos trois compagnons se ruent comme de vrais affamés sur ce festin campagnard.

Les Indiens, même civilisés, ont l'hospitalité discrète.

Pendant que leurs hôtes se restaurent avec

l'appétit de voyageurs soumis à un jeûne rigoureux, hommes et femmes observent un silence plein de déférence.

Puis, quand l'absorption est terminée, les deux frères comprenant que les trois compagnons ont avant tout besoin de repos, leur indiquent, dans une pièce voisine, trois bons lits de paille de maïs, sur lesquels sont étalées de moelleuses peaux de bisons.

Blaise s'en va panser les chevaux et bassiner leurs brûlures avec de l'eau fraîche, et Gilbert, devenu majordome, engage les hommes à se coucher.

— Allons, ben l'bonsouèr.

« V'êtes trop las pour jaser... D'main, y f'ra jour.

« Vous verrez « l'vieux » qu'est aux champs, et y vous f'ra faire un tour.

— A propos, dit Friquet en bâillant, vous savez ou vous ne savez pas, que nous sommes venus de France pour chasser le bison, est-ce qu'on en trouve, dans les environs?

— Pargué! j'crois ben, qu'y en a, et pus qu'vous n'en tuerez, encore.

— Ah! tant mieux.

« Est-ce qu'il y aura moyen de faire une partie de chasse?

— Comme ça se trouve !

« C'est justement la saison où qu'on tue le buffalo pour vend'e les pieaux et préparer la viande pour l'hiver.

— A la bonne heure.

« Eh bien ! merci, pour cette bonne parole, ami Gilbert, et bonsoir.

— Bonsouèr, tout l'monde.

— Dites donc, m'sieu André, termine en s'allongeant voluptueusement sur sa couche Friquet qui bâille de nouveau à se décrocher la mâchoire, savez-vous à quoi je songe ?

— Non... je pense que tu devrais dormir.

— C'est que, un peu plus, je me croirais en Beauce, la veille d'une ouverture.

« Le diable m'emporte si dans cet intérieur d'Indiens, j'allais dire de paysans agriculteurs, je pense à chasser le bison tout comme un simple héros des auteurs si chers à mon enfance.

« Quel contraste !

« Hein ! qu'en dites-vous ?

Mais André, saisi brusquement par le sommeil, ne répondit pas.

CHAPITRE VII

Réveil. — Déjeuner matinal. — Le père Baptiste. — Conséquences de l'inondation du lac Winnipeg. — Désastre. — Les anciens Cœurs-d'Alène. — En pleine barbarie. — Vaillants efforts. — Commencements de la civilisation. — Origines de toutes les guerres entre Blancs et Peaux-Rouges. — Misère. — Malversations des Agents des réserves indiennes. — Un révolté. — Sitting-Bull le grand chef des Sioux. — Épouvantable épilogue de la bataille de White-Mountain. — Les Indiens au Canada. — Le descendant d'un héros de Cooper notaire à Québec.

Les voyageurs ayant fait la grasse matinée, sont éveillés par un gai rayon de soleil qui pénètre jusqu'aux lits sur lesquels ils ont goûté un si bon sommeil.

Ils sont debout en un clin d'œil, et se rappellent avec cette netteté particulière aux soldats, aux marins et en général à tous ceux qui mènent une vie aventureuse, les événements de la veille.

A peine ont-ils quitté leur couche qu'ils reconnaissent le vieux curé souriant dans sa barbe blanche, et tirant méthodiquement de longues bouffées de sa pipe de bois. Près de lui, se tient un grand vieillard, d'une taille colossale, droit comme un chêne, et dont le teint hâlé, mais plus clair que celui des Indiens, indique à première vue un métis.

Ses traits énergiques offrent certains points de ressemblance avec ceux des deux jeunes Indiens laboureurs, et les trois chasseurs l'ont déjà reconnu, quand le curé leur présente Jean-Baptiste Cartier, ou plus familièrement le père Baptiste, le doyen de la tribu.

L'octogénaire leur donne à chacun une poignée de main qui fait craquer leurs articulations, puis, sans préambule, comme si en étant les hôtes de la famille ils en fussent devenus les membres, s'empare familièrement d'eux, et les conduit à table, après leur avoir laissé tout juste le temps de procéder rapidement à leur toilette.

— Comment, déjà manger! s'écrie Friquet ébahi.

— Dam, mon jeune monsieur, répond le vieillard, je n'sais point si c'est comme ça au « vieux pays », mais, icite, on jase mieux à table que tout drait su' les jambes ou ben même assié d'vant rin...

« Pas vrai, monsieur l'curé.

— Je crois que tu as raison, Baptiste.

— Mais, interrompt André après un signe d'assentiment, où sont donc nos amis Blaise et Gilbert, vos petits-fils?

— Les gars sont partis à l'ouvrage... un peu à cause de vous, répond le père Baptiste en jetant au curé un coup d'œil d'intelligence.

« Y r'vien'ront à c'souèr, su' l'tard.

« Allons, si ça n'vous fait rin, à table, mes pays, et vous itou, monsieur l'Américain.

Tous quatre prennent place devant une immense table massive, absolument encombrée de victuailles de toute sorte, et aux bouts de laquelle s'élèvent des pyramides de fruits superbes : pommes, pêches, poires, raisins, abricots, susceptibles de faire pâmer un peintre de nature morte, et de mettre l'eau à la bouche d'un gourmet.

Et comme les trois amis s'extasient, tout en reprochant affectueusement cette profusion, le père Baptiste reprend de son air bonhomme :

—C'est mon ami l'curé qu'a ravagé son varger.

« Y voulait vous emmener cheux lui, mais j'sons mieux installés icite.

« C'est-y pas vrai, hein, dis-moi, monsieur l'curé.

« D'abord, aussi ben cheux l'un comme cheux l'autre, c'est toujou' cheux nous.

Quoi qu'en ait pensé tout d'abord Friquet relativement à ce repas matinal, nous proclamerons, en historien consciencieux, qu'il y fit honneur avec un entrain qui lui conquit tout d'abord les sympathies de ses hôtes.

Quant à l'Américain, nonobstant l'absence de son lard salé, de son pain sans levain et des drogues infâmes éparses dans les petites soucoupes, il se mit à manger méthodiquement, écoutant beaucoup, parlant à peine, dépaysé d'ailleurs, mais fort convenable.

La conversation eut tout d'abord pour objet — et il était difficile qu'il en fût autrement, — la prospérité vraiment merveilleuse de cette petite tribu des Cœurs-d'Alène, connue presque seulement des géographes de profession.

— Ce n'est pas sans peine que ce résultat, croyez-le bien, a été obtenu, fit le curé, et quand nous arrivâmes tous deux ici, il y a bien une quarantaine d'années, n'est-ce pas, Baptiste, nos Cœurs-d'Alène étaient de jolis vauriens.

« Ce qu'il a fallu de patience, d'efforts, de tra-

7.

vaux ingràts tout d'abord, est presque inimaginable.

— Contez-nous donc cela, si c'était un effet de votre bonté, monsieur le curé; cette éclosion d'un petit peuple à la civilisation doit être tout particulièrement intéressante et surtout émouvante.

— Bien volontiers, mon jeune ami.

« Du reste, deux mots suffisent.

« C'était, comme je viens de vous le dire, il y a une quarantaine d'années. Nous habitions, Baptiste et moi, près du lac Winnipeg, une petite paroisse canadienne dont on ne pourrait plus trouver aujourd'hui l'emplacement.

« Une terrible inondation ravagea, pendant la nuit, en quelques heures, le modeste village et engloutit la plupart des habitants.

« Je me trouvai, le matin, flottant sur un bout de charpente, près d'un arbre à moitié déraciné. Sur l'arbre, se trouvait cramponné, à demi mort d'angoisse et de froid, un homme serrant sur sa poitrine un garçonnet de douze ans.

« L'arbre accrocha mon épave. Je reconnus Baptiste et son dernier né.

— Ta femme? lui demandai-je, anxieux.

— Morte!...

— Tes enfants?

— Noyés... J'ai pu sauver celui-là !
— Ta maison ?
— Écroulée.
— Ton bétail ?
— Disparu.

« Nous pleurâmes tous deux, en cherchant à réchauffer le pauvre petit, qui n'avait plus que le souffle.

« Puis une barque nous recueillit et nous emmena jusqu'à Saint-Boniface, sur la Rivière-Rouge.

« J'eus le bonheur d'y rencontrer le Père de Smet, l'apôtre des Sioux, qui avait su prendre sur ses farouches amis une singulière influence, et grâce auquel, d'après les Américains eux-mêmes, bien des massacres furent évités.

« Le Père de Smet me demanda de passer la frontière et de lui prêter l'appui de ma jeunesse et de ma vigueur.

« J'acceptai, et Baptiste nous accompagna avec son enfant.

« Ce pauvre ami avait laissé son cœur sous les flots du lac Winnipeg !...

« Aller ici ou là, que lui importait !

« Le Père de Smet me donna ses instructions, puis il regagna le Dakota et nous remontâmes vers le Haut-Missouri. Nous ne fîmes que passer chez les Mandans ou Gros-Ventres, nous arrivâmes aux Montagnes Rocheuses, que nous franchîmes après des peines inouïes.

« Nous marchâmes longtemps, bien longtemps encore, jusqu'à ce que harassés, n'en pouvant plus, nous fûmes rencontrés par un parti d'Indiens. C'étaient des chasseurs de bisons, parlant une langue que nous comprenions à peine. De véritables brutes, n'ayant plus que de vagues notions du juste et de l'injuste, cruels par instinct, et incapables — du moins le crûmes-nous tout d'abord — de bons sentiments.

« Ils nous emmenèrent à leur village, composé de huttes en peaux de bisons, et nous assujettirent pendant longtemps aux travaux les plus durs et les plus répugnants, en ne nous donnant qu'une nourriture insuffisante et de mauvaise qualité.

« Heureusement que nous étions vigoureux, n'est-ce pas, Baptiste ?

— Une vraie paire de Canadiens, quoi !

— Plusieurs années se passèrent ainsi, sans possibilité, même sans espoir de recouvrer notre liberté.

« Cependant, les enfants de nos maîtres — nous étions de véritables esclaves — après nous avoir cruellement tourmentés, finirent par nous prendre en amitié. Nous avions compris, dès le début, que le meilleur, ou plutôt l'unique moyen d'arracher cette malheureuse peuplade à ses coutumes barbares était de nous emparer, pour le modifier, de l'esprit des enfants, et nous réussîmes, à force de patience, à vaincre leurs présomptions.

— Mais, aussi, ça fut bien dur, allez, interrompit le vieux Baptiste.

« Moi que j'suis un demi-sauvage, j'a'rais jamais cru qu'des sauvages tout à fait étions sauvages comme ça !

— J'essayai de les instruire en les amusant, et je fus bien payé de mes peines, car leurs progrès furent aussi rapides qu'inespérés.

« Dix ans s'écoulèrent ainsi.

« Le fils de Baptiste, devenu un homme superbe, adopté par la tribu, fut élevé, malgré son jeune âge, au rang de sous-chef, et je le mariai à une jeune fille qui fut la mère de Blaise et de Gilbert.

« Notre position était bien changée.

« Les anciens de la tribu avaient, inconsciemment, subi l'influence de leurs enfants, la nôtre, par conséquent, et renoncé peu à peu à leurs abominables pratiques.

« Nous avions réussi en outre à les attacher au

sol, et à leur faire presque entièrement abandonner leurs habitudes errantes. Voyant que la culture des céréales entreprise par nous deux, aidés des seuls enfants, épargnait à tout le clan les horreurs de la famine, ils commencèrent à défricher, à semer, puis à récolter.

« Notre succès était dès lors complet, et j'eus le bonheur de pouvoir informer mon vénérable ami, le Père de Smet, que ses volontés étaient remplies.

« Tels furent les commencements du petit peuple dont vous êtes aujourd'hui les hôtes.

« Je dis : le commencement, car nous avions encore tout à faire, ou plutôt à parachever.

« Il fallait tout d'abord procurer à nos frères d'adoption un terrain sur lequel ils pussent vivre et s'accroitre en toute sécurité. Chose assez difficile, même à cette époque relativement éloignée, car déjà les pionniers d'avant-garde envahissaient, comme une marée montante, l'Ouest et le Nord-Ouest.

« Nous devions obtenir la concession d'une « Réserve ».

« Le gouvernement de l'Union accorde volontiers, aux Indiens, des territoires dont il leur garantit la propriété, sur lesquels les blancs n'ont le droit de fonder aucun établissement permanent, où ils ne peuvent cultiver aucune terre, ni introduire, même pour leur usage personnel, de liqueurs fermentées.

« Ces territoires, exclusivement destinés en principe aux Indiens, constituent les « *Réserves* ».

« Je dis : en principe, car l'application est loin de répondre à ces dispositions si pleines d'humanité.

« En effet, à peine la concession est-elle opérée, que bientôt de nouvelles difficultés surgissent. Le plus souvent, le territoire qu'on avait cru sans valeur, se trouve contenir quelque mine ; un tracé de chemin de fer le longe ou le traverse, il renferme des bois précieux, etc...

« Se présentent des émigrants qui violent le décret ministériel de concession. Naturellement, les Indiens résistent. Il y a bataille, coups de carabines, massacre !... on enlève de part et d'autre des chevelures.

— Comment, les blancs scalpent aussi ! interrompit Friquet indigné.

— J'en appelle à la bonne foi du colonel, répondit simplement le vieillard.

— Parfaitement exact, fit brièvement l'Américain en mangeant toujours.

— Les troupes fédérales interviennent, et après des combats plus ou moins acharnés, les

Indiens vaincus se voient forcés, à la suite d'un nouveau traité qui leur est imposé, d'aller, souvent très loin, occuper une nouvelle réserve bientôt destinée à devenir l'objet de nouvelles contestations.

— Savez-vous bien, colonel, ne put s'empêcher de dire Friquet, que la conduite de vos compatriotes est abominable.

Le cow-boy se contenta d'absorber une large bouchée, et de lever les mains d'un air qui voulait dire : Que voulez-vous que j'y fasse!

— Ce n'est pas tout, reprit le curé.

« D'autres et non moins grandes difficultés se présentent fréquemment.

« Vous savez que les Indiens nomades se nourrissent presque exclusivement de la chair du bison. Or, d'une part, les bisons chassés à outrance par les trappeurs blancs qui les tuent par milliers, chaque année, pour la fourrure, tendent à disparaître. D'autre part, les réserves, de plus en plus petites, dans lesquelles on parque les Indiens, sont soigneusement choisies parmi les territoires les plus pauvres en pâturages, et sur lesquels les bisons ne viennent jamais...

— Mais, aussi, mon révérend, interrompit le colonel qui retrouva la parole, le gouvernement de l'Union s'est engagé, dans ses traités, à faire opérer des distributions régulières de viande, d'instruments, de vêtements, de couvertures, etc.

« Ces distributions sont, comme vous le savez, opérées par des fonctionnaires connus sous le nom d'Agents Indiens.

— Excellente en principe, cette mesure donne des résultats déplorables, reprit le curé.

« Ces fonctionnaires se recrutent, vous ne l'ignorez pas, parmi des agents électoraux qui obtiennent ces places en récompense de leurs services, et qui savent bien qu'elles leur seront seulement conservées pendant le temps que leur parti sera au pouvoir.

« Aussi, pensent-ils à faire fortune le plus vite possible.

« Vous ne me croiriez pas si je vous disais qu'ils pèchent par excès de délicatesse, et vous auriez raison.

« Telles sont, en conséquence, les exactions éhontées auxquelles ils se livrent, qu'il a été constaté, en pleine Chambre haute, qu'ils arrivent à s'approprier plus de la moitié des crédits ouverts pour les Indiens.

« Qu'arrive-t-il? C'est que les malheureux Peaux-Rouges mourant de faim, se procurent, à main armée, des vivres aux dépens des fermiers de la frontière.

« C'est ainsi que toutes les guerres indiennes ont commencé.

« Vous rappellerai-je cette terrible guerre des Séminoles qui coûta tant de sang et d'argent aux États-Unis, et celle plus récente, qui dura depuis 1874 jusqu'à 1877 entre les troupes fédérales et les Sioux.

— Vous voulez parler de la campagne si rudement menée par le fameux Sitting-Bull, le grand chef des Sioux-Ogalas, qui montra d'étonnantes facultés comme manœuvrier, n'est-ce pas, dit André.

— Et qui rossa si complètement un général et un colonel, interrompit Friquet.

— Le général Custer et le colonel Crook, répondit gravement le colonel.

« Sitting-Bull a eu raison, puisqu'il a été le plus fort.

« Mais je trouve un peu vif l'épilogue qu'il donna à la bataille de White-Mountain, où Custer et Crook se firent tuer bravement.

— Quel épilogue?

— Mais, c'est connu... Il se fit apporter les deux cadavres, leur ouvrit la poitrine et mangea le cœur devant ses hommes (1).

(1) Historique.

« Du reste, continua paisiblement le colonel, je ne lui en veux pas outre mesure, bien que Custer fût mon vieil ami, et je n'aurai pas plus de rancune que les hommes d'État de l'Union.

« Sitting-Bull put se réfugier pendant quelque temps au Canada, dans les plaines du Manitoba, puis, il fit sa paix avec le gouvernement fédéral qui consentit à l'oubli du passé, et lui garantit tous les avantages du traité convenu avant les événements.

— Pas possible !

— C'est comme j'ai l'honneur de vous le dire.

« Sitting-Bull repassa la frontière et vint s'établir avec sept mille de ses sujets à Standing-Rock, dans le Dakota, et depuis ce temps il prend goût à l'agriculture, habite une maison, fait de temps en temps une visite aux autorités, et vit en bonne intelligence avec ses voisins.

— N'eût-il pas mieux valu, continua le vieillard, s'en tenir loyalement aux clauses du traité, et éviter ainsi les horreurs d'une guerre épouvantable, puisque le gouvernement fédéral a reconnu lui-même que la faute devait en retomber sur ses agents.

« Il est, en effet, presque sans précédent, que les Indiens, ces pauvres calomniés, aient manqué les premiers aux conventions !

« Aussi, instruit par l'expérience, et ne voulant pas mettre nos amis les Cœurs-d'Alène dans la position d'hommes soumis aux caprices et à la rapacité des Agents, désirant, d'autre part, leur apprendre à ne compter que sur eux-mêmes, sur leur travail, je résolus de solliciter la concession d'une réserve, mais en stipulant qu'ils n'auraient aucune distribution.

« Je fis le voyage de Washington, et j'expliquai mes raisons au ministre qui les comprit et les admit aussitôt.

« Encouragé par sa bienveillance, je lui proposai d'installer notre réserve d'après la coutume canadienne qui a donné de si magnifiques résultats.

« Il y consentit par exception, et en quelque sorte à titre d'essai.

« En conséquence, le territoire relativement très vaste, occupé depuis des temps presque immémoriaux par les Cœurs-d'Alène, fut cédé en toute propriété au gouvernement de l'Union contre une somme de douze mille dollars, et une réserve territoriale de dix kilomètres carrés, située au bas du versant occidental des Montagnes Rocheuses, dans la vallée de Columbia-River.

« L'intérêt de cette somme que je me chargeai de faire valoir aux conditions les plus avantageuses pour notre petite communauté, devait être consacré aux frais nécessités par l'installation d'une école et d'une église, à l'entretien des enfants, et à la subsistance des vieillards et des infirmes.

« Les hommes valides ne devaient rien demander qu'à leur travail.

« N'ayant pas à compter sur les annuités en nature distribuées selon les caprices des Agents, et interceptées en route par ces dispensateurs peu scrupuleux, nos hommes se mirent courageusement à l'ouvrage. Ils défrichèrent, bâtirent, semèrent et bientôt récoltèrent. Ils se livrèrent avec ardeur à l'élevage des bestiaux, et possédèrent de superbes troupeaux de bœufs et de chevaux, dont une certaine partie est annuellement vendue aux voisins, Américains ou Peaux-Rouges.

« De cette façon, la famine put être évitée, et si, de temps en temps, nos Indiens s'en vont encore à la chasse au bison, c'est moins par nécessité, que pour obéir aux instincts de leur race, toujours amie des exercices violents, des luttes contre les fauves, des grandes chevauchées à travers l'immensité.

« Voilà, messieurs, où nous en sommes aujourd'hui. Notre petite république est administrée par des chefs nommés à l'élection, et présidés depuis plus de vingt ans par mon brave ami Baptiste. Je suis resté, quant à moi, le chef spirituel, sans qu'il s'élève jamais de conflit d'attributions avec mes frères au temporel.

« Nos jeunes hommes savent tous lire et écrire, parlent, outre leur langue, l'anglais que je leur ai appris de mon mieux, et surtout notre bon vieux patois franco-canadien, pour lequel ils ont d'étonnantes dispositions.

« Quelques-uns sont devenus de bons artisans, et tous manifestent le plus grand attachement pour les travaux agricoles.

« Nous vivons heureux, sobrement, — défense formelle d'introduire chez nous des liqueurs fermentées, — et il nous est encore possible d'aider nos voisins, quand la famine vient désoler leurs réserves.

Le vieillard avait fini de parler, et ses auditeurs se trouvaient encore sous le charme de sa parole, si pleine de douceur et d'harmonie.

André rompit le premier le silence.

— Permettez-moi, monsieur, dit-il en s'inclinant respectueusement devant ce modeste héros du devoir, de vous témoigner mon étonnement, et surtout mon admiration.

« Nous ignorons, en France, la question

indienne, ou plutôt nous ne la connaissons que par les excès souvent abominables commis par les Américains, excès, hélas! suivis de terribles représailles.

« Les hommes d'Etat de l'Union ne prétendent-ils pas que la seule solution possible de la question indienne, est l'extermination de la race rouge ?

« Ne prétendent-ils pas également, pour excuser la barbarie de leurs agents, que l'Indien est incapable de sédentarisme, et même d'une civilisation rudimentaire ?

« J'en appelle à la sincérité du colonel Bill.

— Parfaitement exact, réitéra le cow-boy avec une nuance d'embarras.

— Je suis heureux de pouvoir vous faire voir ici le contraire, reprit avec vivacité le curé.

« D'ailleurs, l'état présent des Indiens du Canada vous montrera que l'éclosion des Cœurs-d'Alène à la civilisation n'est pas un fait isolé, et que la douceur, ainsi que la foi à la parole donnée ont eu raison des natures les plus farouches.

« L'histoire du Canada le démontre surabondamment.

« Quand les Français ont occupé le Canada, ils ont trouvé des peuplades identiques aux

Sioux, aux Apaches, aux Séminoles, aux Comanches ou aux Serpents.

« Mais, ils se montraient toujours scrupuleux observateurs des traités et le gouvernement colonial n'hésitait pas à infliger des punitions, parfois rigoureuses, à ceux qui molestaient les « sauvages », comme on les appelait alors, et comme on les appelle encore aujourd'hui, même dans la langue officielle, sans que cette expression implique la moindre intention désobligeante.

« Cette politique fut bientôt récompensée. Pendant toutes les guerres que les Français eurent à subir contre les Anglais, les sauvages furent toujours des alliés fidèles pour nos compatriotes et demeurèrent les amis des mauvais jours.

« Quand, plus tard, après les désastres de la France, la conquête anglaise fut devenue définitive, les Indiens du Canada, reconnaissant que leurs nouveaux maîtres suivaient à leur égard les traditions des anciens, eurent avec eux les rapports les plus amicaux.

« Non seulement pas une seule guerre indienne n'a éclaté, mais les anciennes tribus, tout en conservant nominalement leur organisation, qui n'est pas sans analogie avec l'institution du *Mir*, ou commune russe, se sont tellement fondues dans la population blanche que, dans maint endroit, il est difficile de trouver des Indiens de race pure.

« Enfin, ils sont si peu réfractaires à la civilisation que, pour ne citer qu'un exemple, le grand chef héréditaire de la tribu des Tortues, le descendant du fameux Chingachgook, dont Fenimore Cooper a chanté les exploits, exerce à Québec la profession de notaire!... (1).

« Et maintenant, messieurs, s'il vous plaît de voir de vos yeux l'œuvre de sauvages civilisés, faites-nous l'amitié de nous accompagner sur notre territoire.

« Des chevaux nous attendent; permettez-moi de vous faire les honneurs de la Réserve, en attendant que vous partiez pour la grande Chasse aux Bisons.

---

(1) *Dans les Montagnes Rocheuses*, par le Baron de Grancey. — Plon et Cie éditeurs, 10, rue Garancière, Paris.

— *Cinq mois chez les Français d'Amérique*, par H. de Lamothe. — Librairie Hachette, 79, boulevard Saint-Germain.

CHAPITRE VIII

Nouveaux étonnements des voyageurs. — Les Indiens d'aujourd'hui. — A propos de scalp. — Pourquoi certains blancs pratiquent cette affreuse mutilation. — La monnaie courante des cow-boys. — Surprise. — Le chariot retrouvé. — Inventaire. — Richesses inespérées. — L'armement et l'approvisionnement intacts. — Le wisky. — Ce que André entend par fusiller des factieux. — Départ. — Les mauvaises terres. — La prairie de fleurs. — Réflexions d'un homme pratique. — La plaine de sauge. — Les Bisons sont là!...

Les merveilles réalisées par les patients créateurs de la réserve des Cœurs-d'Alène, dépassèrent encore l'attente des deux Français et même de l'Américain.

Friquet et André rapportèrent de leur excursion à travers le petit territoire, cette pensée réconfortante, que non seulement la race indienne est susceptible de civilisation, dans l'acception la plus étendue de ce mot, mais encore que nos travaux, nos coutumes, notre manière de vivre, bien loin d'être incompatibles avec son existence propre, sont au contraire essentiellement favorables à son développement et à sa prospérité.

Le cow-boy sentait mollir ses préjugés, et convenait volontiers que ses compatriotes pouvaient bien avoir la main un peu lourde, dans les rapports avec les « frères rouges » et que, somme toute, vaudrait mieux s'entendre pacifiquement, échanger beaucoup moins de coups de carabines et enlever moins de chevelures.

— Malheureusement, ajouta-t-il, tous les Indiens ne sont pas éclairés par des apôtres comme ce vénérable prêtre et ce brave métis.

« Supposez à leur place deux coquins d'écumeurs de la Prairie, ou même de simples cowboys peu scrupuleux sur les rapports sociaux et ne connaissant, en fait de législation, que le code fort sommaire de la Prairie. Les Indiens, au lieu de se transformer en d'honnêtes travailleurs, seraient devenus d'abominables sacripants, tels que ceux auxquels nous avons échappé nous-mêmes par miracle.

— Vous n'êtes pas très indulgent pour les cow-boys, mon cher colonel, fit observer non sans raison Friquet.

— Eh! que voulez-vous, my dear, je leur rends jutice en tant que vaillants travailleurs...

« Mais je suis forcé d'avouer qu'ils ont, relativement à la propriété, des idées tout à fait... larges, et qu'ils professent pour l'existence humaine un respect des plus modérés.

« Somme toute, il y a entre la race blanche et la race rouge un énorme malentendu qui fera casser beaucoup de membres et privera encore pas mal de crânes de leur chevelure.

— Vous nous avez déjà dit que les blancs, loin de répugner à cette hideuse mutilation, la pratiquaient volontiers...

« Voyons, dans quel but...

« Chez les Indiens, il y a l'idée de conserver un témoignage palpable de leur victoire, de leur bravoure.

« Je veux bien admettre, pour un moment, qu'ils gardent le scalp, comme nos chasseurs conservent une hure de sanglier ou un massacre de cerf, et je consens à les excuser en principe à cause de leur ignorance, et des préjugés de leur race.

« Mais vos compatriotes, des hommes pratiques, plus amateurs d'argent que de gloriole, n'ont vraiment aucun motif d'intérêt, le seul que tout bon Yankee se fasse gloire d'invoquer.

— Vous êtes absolument dans le vrai, master Friquet.

« Aussi, est-ce bien par intérêt que ces gentlemen sans préjugés chassent la chevelure.

« Savez-vous bien qu'une chevelure de squaw vaut jusqu'à dix dollars !...

— Ah !... fit avec horreur le Parisien, et les misérables assassinent une femme pour cinquante francs !...

— Oui.

— C'est épouvantable !

« Mais, alors, pourquoi ne pas se contenter de couper les cheveux ?

« Cette mutilation serait ignoble, mais non pas irréparable, et un crime odieux serait épargné.

— C'est que les scalps complets, c'est-à-dire avec la peau du crâne, ont beaucoup plus de valeur.

« Les collectionneurs d'objets indiens les paient un bon prix et les exposent volontiers dans leurs trophées... c'est même un article très demandé.

« Enfin, les irréguliers de la Prairie, et ils sont nombreux, trafiquent des scalps à défaut d'argent monnayé.

« On les échange pour un revolver, des munitions, une couverture ou une dame-jeanne de wisky.

« Un bar-keeper de la frontière les reçoit en paiement de vivres et d'alcool (1).

« Quant aux chevelures des guerriers, qui n'ont qu'une valeur relative, car elles sont moins longues que celles des femmes, et les artistes capillaires ne peuvent les transformer en fausses nattes pour nos élégantes, elles sont troquées à d'autres Indiens.

— Les Indiens achètent les dépouilles de leurs congénères! interrompit Friquet abasourdi.

— Sans doute.

« Un jeune guerrier qui n'a pas encore eu l'occasion de tuer son premier homme, fera des bassesses pour orner sa ceinture, sa cartouchière ou ses mocassins d'une chevelure sanglante.

« Il l'échangera au blanc pour une ou plusieurs peaux de bison, puis rentrera fièrement dans sa tribu, sera complimenté par les vieillards et recevra des sourires des jeunes filles, qui admireront d'autant plus sa vaillance, que personne ne connaîtra la provenance du glorieux trophée.

(1) Historique.

Les gamins sortaient de l'école. (Page 139.)

— Allons, je n'ai plus rien à dire, et encore moins à demander.

« Je m'explique, maintenant, que les rapports doivent être pour le moins tendus entre les habitants de la frontière et que les Indiens soient quelque peu réfractaires à la civilisation américaine.

Un incident tout à fait inattendu arrêta cette conversation engagée entre les trois compagnons qui faisaient, avant le dîner, les cent pas sur la place.

Les gamins venaient de sortir de l'école en cabriolant et en se bousculant bruyamment, puis s'étaient éparpillés dans la plaine comme une bande de moineaux.

Ils accouraient bientôt au galop en poussant des cris de joie et escortant une troupe nombreuse d'hommes à cheval, armés jusqu'aux dents, et entourant une lourde machine s'avançant cahin-caha, traînée par des bœufs.

— Comment, c'est notre chariot! s'écria André, n'en pouvant croire ses yeux.

— Cela paraît impossible, et pourtant c'est vrai, renchérit Friquet.

« Mais, d'où diable sortent-ils?

— Une surprise que nous vous avons ménagée, messieurs, répondit une voix sympathique derrière eux.

Ils se retournent aussitôt, et aperçoivent le curé aspirant méthodiquement les bouffées de sa pipe.

— Blaise, Gilbert et leur père, envoyés par le vieux Baptiste, sont partis aussitôt après votre arrivée, avec une cinquantaine d'hommes, pour savoir s'il ne serait pas possible de sauver quelque chose du désastre et donner une sépulture convenable à vos malheureux compagnons.

« Ils ont pris à revers votre piste et l'ont suivie jusqu'au campement... nous allons bientôt savoir quel est le résultat réel de leur entreprise, et si, avec ce chariot, ils ont pu retrouver quelques-uns des objets vous appartenant.

Le chariot dételé et remisé dans l'enclos attenant à la maison où les voyageurs ont reçu un accueil si cordial, le père de Blaise et Gilbert, qui a commandé l'expédition, le « petit » Baptiste, comme on l'appelle familièrement, bien qu'il mesure un mètre quatre-vingt-dix de la cime à la base, et compte plus de cinquante ans d'âge, vient rendre compte à l'aïeul de l'opération.

Les trois chasseurs, qui ne l'ont pas encore vu, le reconnaissent tout d'abord à sa prodigieuse ressemblance avec le vieillard, quoique la nuance de son teint soit plus foncée.

Aussi respectueux devant son père que s'il n'avait que dix ans, il s'exprime en anglais assez correct, à la grande joie de l'Américain, heureux d'échapper au patois franco-candien auquel il ne comprend absolument rien.

Le récit, d'ailleurs, est d'une concision et d'une précision dignes d'un héros de Tacite.

Partis aussitôt après en avoir reçu l'ordre, en nombre suffisant pour n'avoir rien à redouter des maraudeurs, les hommes composant la petite troupe ont facilement retrouvé la piste des fugitifs et l'ont suivie avec cette prodigieuse habileté que les Indiens ont conservée intacte, même en se civilisant.

Cette piste les a conduits à Palouse-River. Ils ont traversé le cours d'eau, reconnu les traces sur les cendres refroidies, et sont arrivés simplement au chariot toujours abandonné dans la clairière.

Comme le sol était complètement dénudé autour du campement, l'incendie, ne trouvant pas d'aliment, a respecté naturellement cet îlot isolé au milieu des herbes de la Prairie.

De leur côté, les rôdeurs, chassés par le feu qu'ils ont allumé et qui gagnait vers le Sud, n'ont pas encore eu le temps de revenir pour s'emparer du riche butin, dont la capture devait leur sembler assurée à courte échéance.

En conséquence, les Cœurs-d'Alène, après avoir creusé une fosse profonde dans laquelle ils ont déposé les morts, se sont empressés d'atteler au char les bœufs amenés en prévision du retour, et de rallier la réserve.

L'aller et le retour se sont opérés sans le moindre incident.

C'est tout.

Après un remerciement affectueux et une énergique poignée de main, André s'empressa, d'après l'avis de ses hôtes, de procéder à un rapide inventaire.

Il reconnaît tout d'abord que le chargement a été pillé, mais très sommairement, sans doute au moment de l'assassinat des hommes d'escorte. Les couvertures, les robes de bison, une partie des effets d'habillement ou de harnachement et en général tous les objets susceptibles d'être emportés par des cavaliers ont été enlevés.

Les provisions sont presque intactes, et les lourdes caisses de chêne, bordées de cuivre et de fer, renfermant les armes ainsi que les munitions, ont résisté aux coups de hache dont ils portent les traces.

C'est là l'essentiel, en somme, et André ne cherche pas à dissimuler la joie causée par cette particularité.

La perte du matériel de chasse eût été en effet irréparable en pareil lieu, les trois hommes ne portant avec eux que leurs Winchester et une provision très réduite de cartouches.

Le jeune homme, continuant ses recherches, découvrit enfin, sous un amas de boites et de caisses, quatre barils pouvant contenir chacun environ cinquante litres et qui avaient échappé aux pillards.

Il les fit transporter séance tenante au milieu de l'enclos.

Puis, il demanda si on ne pouvait pas lui procurer une vrille ou une tarière, bref, un instrument quelconque à percer le bois.

— Mais, à quoi bon, d'ailleurs, reprit-il après un moment de réflexion.

« J'ai là sous la main de quoi pratiquer rapidement et sans fatigue les ouvertures nécessaires.

Il recula de vingt pas et fit signe en même temps aux personnes présentes de le suivre.

Saisissant alors son revolver, une arme parfaite, de très gros calibre, portant à trois cents mètres, et connue sous le nom de « revolver-frontière », il fit feu coup sur coup sur les quatre barils.

Les récipients, frappés en plein bois, troués de part en part comme de simples boîtes de sapin, laissent aussitôt couler des jets d'un liquide ambré qui se répand dans le sol.

— Eh! général, que diable faites-vous là? s'écrie soudain l'Américain interloqué.

— Vous le voyez, répond le jeune homme en souriant, je fusille des factieux.

— Mais, c'est la provision de wisky!...

— Parfaitement.

« Comme l'introduction de cette drogue infâme est formellement défendue sur le territoire de la réserve, je me hâte de me conformer à cette interdiction si sage.

— Et la privation ne sera pas bien forte pour nous qui n'en buvons jamais, n'est-ce pas, m'sieu André, répliqua Friquet.

« Il n'y a que vous, mon pauvre colonel, qui devrez renoncer à votre petite goutte.

« Mais, que voulez-vous faire à cela!

« Nécessité n'a pas de loi, et le « lait de tigre » est trop malsain pour les Indiens.

Le colonel, forcé de faire contre fortune bon

cœur, ne répondit pas, et se contenta, comme protestation, de doubler la dose de tabac dont le volume donnait à sa joue l'aspect d'une superbe fluxion. Les Indiens, malgré leur habituelle gravité, rirent beaucoup de l'aventure et surtout de l'air déconfit de l'Américain. L'exécusion terminée, le vieux chef voulant faire goûter le plus tôt possible à ses hôtes, les émotions de cette chasse qui a été la cause déterminante de leur longue excursion, donna l'ordre d'activer les préparatifs nécessités chaque année par la grande battue aux bisons.

Il désigna les plus habiles chasseurs, fit opérer une ample distribution de cartouches, ordonna une réquisition des chevaux les plus vigoureux et les mieux dressés, remplaça par des montures irréprochables celles de ses hôtes à demi fourbues par la course à travers la prairie, et encore couvertes de brûlures.

Ces apprêts furent l'affaire d'une journée, et la cavalcade, comprenant cinquante cavaliers sous la conduite de Baptiste le fils, le chariot, attelé de chevaux substitués aux bœufs à l'allure trop lente, plus trois autres voitures plus légères et de fabrication indigène, quitta le surlendemain au matin le village et se dirigea lentement vers le Nord-Ouest.

Les limites de la réserve ayant été franchies le jour même, les terres cultivées disparurent aussitôt, et la troupe se trouva, sans transition aucune, en plein pays sauvage.

Bien qu'ils fussent déjà familiarisés avec l'aspect de la Prairie, les deux Français, voyant se dérouler à perte de vue la plaine verte constellée de fleurs éblouissantes, devinant, derrière la ligne d'horizon coupée par le bleu intense du firmament, une autre plaine sans fin où s'ébattent les monstrueux animaux qu'ils vont combattre, sentant leurs poumons vivifiés par une atmosphère plus subtile, savourent avec le dilettantisme de vrais Parisiens affamés de villégiature ce tableau enchanteur, sur les beautés duquel rien n'a pu les blaser.

Ils admirent sans réserve cette Prairie désignée pourtant sous le nom de « Mauvaises Terres », parce que, en dépit de ses splendeurs elle est presque absolument stérile, et laissent déborder leur enthousiasme sans se préoccuper des grognements de l'Américain qui réclame à grands cris le Buffalo-Grass.

Patience, colonel, patience! Chaque chose en son temps, que diable! et l'aspect de la « mauvaise prairie » qui, d'ailleurs, ne s'étend pas très loin, est trop merveilleux, dans son étrange beauté, pour que l'on ne s'y arrête pas un moment.

Figurez-vous un parterre de fleurs que rien ne semble limiter, mais un parterre aussi dru, aussi fourni, aussi épais qu'un champ de blé, dans lequel il n'y aurait ni arbres, ni cours d'eau, ni hautes herbes, ni buissons, et qui ne laisserait pas apercevoir la moindre parcelle de sol.

C'est une folle profusion de fleurs éblouissantes, permettant à peine de voir les tiges qui les portent, et dissimulant entièrement le pied de la plante mère, le générateur commun.

Toutes les couleurs, toutes les nuances ont leur équivalent sur cette palette immense, mais, chose merveilleuse, loin de se confondre et de se brouiller en quelque sorte par leur mélange, elles se font mutuellement valoir, et se repoussent tout en s'harmonisant.

C'est que les plantes, au lieu d'être éparpillées et mêlées comme on pourrait le croire, vivent au contraire en famille, et forment, çà et là, par leur réunion en masses plus ou moins étendues, des parterres dans le parterre, et des massifs fleuris qui se soudent à d'autres massifs par des teintes atténuées.

Tantôt, l'œil violemment attiré par une jonchée prodigieuse d'hélianthes-tournesol, papillote devant ces disques flamboyants, qui s'inclinent sous la brise, et se tournent toujours vers l'astre dont ils portent le nom.

Puis, une véritable symphonie de rose, de pourpre et de ponceau, éclate sur le bord de cette coulée d'or en fusion, et vient se fondre doucement dans une large zone de violet tendre. Ce sont les différentes espèces de monardes-fistuleuses, ponctuées ou pourprées (thé d'Osmégo ou de Pensylvanie) qui surgissent, pleines d'une sève exubérante, au milieu des mauves de toutes sortes.

Tantôt, le regard sollicité par les corolles multicolores des cléones qui passent sans transition du blanc pur au rose pâle, du jaune clair au vert bronze, se reporte étonné sur les flocons légers de l'asclépiade, l'herbe à soie, avant de s'arrêter sur le bleu intense de l'aconit, au suc mortel.

Plus loin, il semble que ce prodigieux bouquet de fleurs des champs s'enveloppe, pour ainsi dire, d'une nuance plus sombre, presque uniforme. L'œil ne perçoit plus que des tons bleu-poussière qui se modifient peu à peu, de façon à devenir gris de fer sur la limite de l'horizon

Par une bizarrerie jusqu'à présent inexpliquée, la nature semble avoir sur ce point atténué comme à plaisir l'exubérance presque désordonnée de son coloris.

Est-ce impuissance, est-ce caprice, n'est-ce pas plutôt une propriété spéciale du sol, mais, tout à coup, cette opulente végétation florale se modifie brusquement; toutes ces espèces disparaissent bientôt, et une seule plante apparait, la sauge azurée.

Bientôt les chasseurs vont pénétrer dans cette plaine appelée « Prairie de Sauge » par les voyageurs.

Le cow-boy, peu sensible aux incomparables beautés de ce tableau, tourne et retourne son paquet de tabac, se dresse sur ses étriers, interroge l'horizon, et murmure de son horrible accent nasal :

— Enfin ! ce n'est pas trop tôt.

« Nous allons donc quitter ces terres stériles où ne s'aventure aucun gibier, et où l'on ne trouverait même pas une brindille de bois pour faire bouillir le thé ou rôtir un quartier de venaison.

« Encore quelques heures de patience, et à la Prairie de Sauge va succéder la plaine de Buffalo-Grass, l'honnête prairie qui attend les ranchmen, et où s'ébattent les antilopes, les cerfs et les bisons...

« By God! gentlemen, toutes les opinions sont libres, mais je ne puis guère m'expliquer comment vous vous extasiez devant des herbes qui ne produisent absolument rien, et auxquelles nos pauvres chevaux ne peuvent même pas donner un coup de dent!

« Vive Dieu! Je ne suis pas « herboriste », mais chasseur.

— Voilà ce qui s'appelle une conclusion, interrompt de son air railleur Friquet en haussant légèrement les épaules.

« Vous êtes positif, colonel; et je ne m'étonne plus si vos compatriotes, des gens pratiques, imposent de quarante pour cent les œuvres d'art dans votre patrie, si bien dénommée le « Pays du Dieu dollar »!

Les prévisions de l'Américain se réalisèrent pleinement, mais plus tard qu'il ne l'avait annoncé.

La troupe atteignit seulement le lendemain la Prairie de Sauge, dont la traversée exigea une longue journée de marche.

Le surlendemain, l'aspect monotone des terrains se modifia de nouveau. On évolua dans de véritables fourrés de framboisiers sauvages, alternant çà et là avec d'épais massifs de rosiers couverts de petites fleurs blanches et rouges, puis, la Prairie parut coupée par un ancien marécage desséché, sur lequel végétaient d'épaisses touffes de joncs aux brins durs, courts et rudes.

De place en place, la terre avait été piétinée, puis, fouillée circulairement d'excavations en entonnoir.

Les Indiens, sans descendre de cheval, examinèrent minutieusement ces vestiges, échangèrent quelques phrases rapides, consultèrent l'horizon, étudièrent l'état de l'atmosphère, puis le chef, en homme prudent qui ne veut rien laisser au hasard, commanda la halte.

Le gros de la troupe s'arrêta, les cavaliers mirent pied à terre, passèrent dans le bras la bride de leurs chevaux et attendirent, dans un profond silence, de nouvelles instructions.

Puis, sans plus tarder, il détacha quelques éclaireurs, les expédia dans plusieurs directions, et ajouta en montrant la direction du Nord, ces seuls mots qui firent palpiter les deux Français d'une émotion comprise de tous les vrais chasseurs :

— Messieurs, un peu de patience, les bisons sont là !

CHAPITRE IX

Le bison. — Sa destruction prochaine. — Voyageur et non pas migrateur. — Trains bloqués par des troupeaux de bisons.—Usages de sa peau. — En chasse. — Manœuvre. — Poursuite. — Course folle.—Escarmouches. — Témérité des Indiens. — Friquet chargé par un taureau.—Premier coup.—La balle Express. — Le gamin de Paris foudroie le bison et passe commandant. — Trophée. — « A moi le pompon ». — Mêlée générale. — Massacre. — Exploits d'André. — Coup double. — A demain.

La physionomie du bison, ainsi que ses habitudes, demandent une courte description.

Appelé improprement *buffalo* par les Américains du Nord, le bison proteste, du moins par son extérieur, contre cette dénomination qui devrait être strictement réservée au *buffle*, auquel il ressemble fort peu, bien qu'appartenant à la même famille.

Nous protesterons à notre tour, et rappellerons, seulement pour mémoire, le mot latin « *bubulus* » et le mot grec « βουβαλος » dont on a fait sans grand effort celui de *buffalo*, et nous cesserons toute récrimination, après cette satisfaction donnée aux amateurs d'étymologies.

De tous les animaux de l'Amérique du Nord, le bison est certainement le plus remarquable et le plus utile, comme il est le plus considérable par sa stature et par son poids. Atteignant et dépassant parfois la taille de nos bœufs Européens, d'un poids moyen de huit cents kilogrammes pouvant aller, chez les vieux mâles, jusqu'à douze et quatorze cents, il se distingue par une tête énorme, au front large, triangulaire, et une bosse sur laquelle se tord une longue, épaisse et rude crinière enveloppant toute la partie antérieure de son corps.

L'exagération de toute cette partie de l'animal est d'autant plus caractéristique chez le bison, que son train de derrière, dépourvu de longs poils, est étroit, court, presque exigu, et tout à fait disproportionné.

Avec son œil bleuâtre, au regard clair et d'une fixité inquiétante, perdu sous la broussaille de sa crinière, ses cornes noires, courtes et plantées comme des chevilles de fer dans un crâne aussi dur que le granit, ses naseaux toujours

9.

en mouvement, le bison offre une physionomie rien moins que rassurante. D'autant plus que tout, dans son extérieur, semble réaliser la force matérielle dans ce qu'elle peut offrir de plus brutal, de plus irraisonné.

On sent que cet animal doit instinctivement se ruer avec l'irrésistible impulsion de la brute, sur tout ce qui est susceptible de provoquer sa colère ou même son étonnement.

Sa toison est d'abord, au commencement de l'hiver, d'un beau noir luisant. Peu à peu elle jaunit, acquiert une nuance bise, poivre et sel, assez indéfinissable, pour devenir jaunâtre, couleur d'étoupe, et tomber au début de la saison chaude.

La crinière demeure toujours sensiblement plus foncée.

Cette crinière crépue, très épaisse, qui donne au bison un aspect réellement formidable, est composée de deux éléments bien distincts. D'une part, des poils longs, rudes, durs au toucher, et d'autre part, une laine douce, d'une finesse excessive et réputée supérieure à celle des mérinos.

Les crins, avons-nous dit, recouvrent la tête, le poitrail, la bosse, la partie supérieure des jambes de devant et l'extrémité de la queue, très courte, qu'ils terminent par un bouquet.

La laine enveloppe en outre le corps tout entier, et procure à l'animal un vêtement d'hiver qui lui permet de braver les froids les plus aigus.

Jadis, au temps de l'arrivée des Européens en Amérique, et même jusqu'à la fin du siècle dernier, on rencontrait les bisons en quantités inouïes. Ils occupaient la plus grande partie du territoire des Etats-Unis.

Mais, refoulés peu à peu par la civilisation, traqués sans trêve ni merci par les chasseurs blancs ou Indiens massacrés dans des proportions que ne justifient ni la faim ni la cupidité — les uns et les autres ne peuvent ni manger la viande abattue, ni emporter les fourrures, — les bisons, singulièrement diminués, se sont retirés peu à peu vers les lieux encore inhabités.

Aussi, est-il facile de leur présager une extinction aussi complète que celle de notre auroch européen. Ce sera l'affaire de deux ou trois générations.

Pour le moment, les lieux où le chasseur est encore susceptible de les rencontrer en grandes troupes, forment une immense bande de terrain comprise entre les Montagnes Rocheuses et le Mississipi.

Encore, ne les trouve-t-on que vers la source de ce fleuve et jamais au delà de son confluent avec le Missouri.

Le Mexique en est presque entièrement dépourvu, mais, au Texas, il y en a encore partout; notamment vers la source du Rio-Brazo et du Rio-Colorado.

Jadis, ils ne dépassaient guère les Montagnes Rocheuses, mais leur habitat s'est modifié peu à peu, et des bandes considérables ont émigré sur les plaines du versant occidental, vers les sources du Saskatchewan. Cette émigration est motivée, avons-nous dit, par la guerre d'extermination et les poursuites incessantes des chasseurs de fourrures et des Indiens, qui forcent les bisons à chercher un refuge dans des contrées isolées où ils n'étaient jamais allés jusqu'alors.

Vers le Nord, leur domaine se termine dans l'angle formé par la rivière Peace et le lac de l'Esclave. Au Nord-Est, on en trouve encore d'assez grandes quantités non loin du lac Winnipeg et de la Rivière-Rouge du Nord. Mais, là comme partout, les habitants leur font une guerre incessante et meurtrière.

Bien qu'ils soient essentiellement voyageurs, les bisons ne doivent pas être considérés comme des animaux migrateurs dans toute l'acception du mot. En effet, leurs voyages, au lieu d'être périodiques, comme ceux des animaux migrateurs proprement dits, n'ont aucune régularité, tout en ayant pour objet la recherche de l'eau et des pâturages plus abondants ou plus savoureux.

La preuve, c'est que le but de ces déplacements n'est jamais déterminé. Il varie à chaque instant, comme époque et comme direction, et l'on voit souvent un troupeau se partager en plusieurs bandes qui, suivant l'inspiration du moment, se dirigent indifféremment vers les quatre points cardinaux.

Rien ne saurait donner une idée de la rapidité et de l'impétuosité de leur allure pendant ces excursions.

Rien ne les arrête. Ils se ruent devant eux comme l'avalanche, comme le torrent. Fleuves, ravins, montagnes, fondrières, la colonne franchit tout sans dévier et en laissant derrière elle un lugubre sillage de cadavres brisés aux obstacles toujours attaqués de front.

Quelque temps après l'inauguration de l'Union-Pacific-Railroad, il arriva souvent que des trains, surpris en pleine marche par des troupeaux en voyage, ont dû rester bloqués pendant toute la durée du passage.

C'est en vain que la machine, pourvue à l'avant de son énorme chasse-bœufs, se précipitait dans la masse mouvante, en lançant des jets de vapeur ; en vain les voyageurs ouvraient des feux de file et déchargeaient à l'envi leurs carabines et leurs revolvers ; les munitions s'épuisaient, la machine, haletante, à bout de force, s'arrêtait au milieu de monceaux d'os broyés, de chairs pantelantes, et les bisons passaient toujours, de leur même trot raide, saccadé, en produisant un bruit sourd, analogue au grondement du tonnerre.

Quand ils ont trouvé le pâturage à leur convenance, notamment le buffalo-grass dont ils sont par-dessus tout friands, ils s'arrêtent, broutent, jouent entre eux, se battent souvent et se portent d'effroyables coups de tête qui, d'ailleurs, ne semblent pas produire grand effet sur leurs organes cérébraux, tant l'enveloppe en est solide.

Lorsqu'ils sont repus, que leurs jeux sont finis et leurs querelles vidées, ils se couchent l'épaule contre le sol, pendant que l'arrière-train reste debout; puis ils impriment à leur corps un mouvement giratoire extrèmement rapide, avec l'épaule pour pivot.

Cette rotation a pour résultat de produire,

dans la terre friable de la Prairie, des excavations circulaires en forme de cuvette, que les pluies rempliront plus tard, et où les animaux de passage, voire même les voyageurs, pourront étancher leur soif.

On ne sait pas au juste quelle cause attribuer à cette manœuvre singulière.

Le bison se vautre-t-il sur la terre pour chercher à se débarrasser des parasites qui habitent sa toison, ou pour trouver un peu de fraîcheur? Peut-être bien pour les deux motifs.

Les multiples ressources offertes à l'homme par le bison, expliquent suffisamment l'acharnement avec lequel ce roi de la Prairie est traqué sans relâche.

Sa chair exquise, possède une saveur succulente, rappelant celle du bœuf de première qualité, mais avec un délicieux fumet de venaison. La bosse et la langue sont par excellence les morceaux les plus appréciés des gourmets, ainsi que la moelle des os de la cuisse, qui constitue pour les Indiens une friandise incomparable.

La peau, ou robe, bien préparée, vaut sur place de soixante-quinze à cent francs. C'est le *vade mecum* indispensable du voyageur, auquel elle procure tout à la fois un matelas, une couverture ou un manteau complètement imperméables. Quels que soient la saison ou l'état de l'atmosphère, que la pluie fasse rage, que la gelée fende les arbres ou fasse éclater les pierres, l'homme bien enveloppé dans cette admirable fourrure, bravera sans le moindre inconvénient toutes les intempéries.

Aussi, plus encore que la chair, la « robe » est-elle l'objet de transactions très importantes, notamment avec le Canada, la partie septentrionale des États-Unis et surtout l'énorme empire Moscovite.

Quant aux procédés employés pour la capture souvent périlleuse de ce gibier farouche... Mais, n'empiétons pas sur la suite de ce récit, et revenons à nos chasseurs, au moment où le chef du petit corps expéditionnaire, ayant reconnu la présence des sauvages ruminants, faisait mettre pied à terre, envoyait en avant des éclaireurs et engageait ses invités à la patience en leur disant :

— Les bisons sont là !...

Une heure s'écoula, puis on aperçut dans le lointain les éclaireurs accourant au galop et en faisant opérer à leurs chevaux plusieurs brusques crochets, signal certain d'une bonne nouvelle.

Ils arrivent à fond de train et communiquent,

en quelques mots rapides, leur rapport à Baptiste qui, séance tenante, met les chasseurs en ligne de bataille.

Les armes sont préparées avec soin, les sangles des selles resserrées, les brides et les mors inspectés minutieusement.

La troupe, sous la conduite du chef flanqué des éclaireurs, s'avance vers une éminence mamelonnée, d'où l'on domine la plaine environnante, pendant que les bêtes d'attelage et les chariots restent confiés à la garde de chasseurs qui, demain, seront remplacés par d'autres.

Parvenus au sommet du monticule, les cavaliers aperçoivent, à environ trois kilomètres, les bisons arrêtés dans les hautes herbes, les uns paissant, les autres jouant ou restant couchés, la tête haute.

Il y en a plus de cinq cents, et leur vue excite un tel enthousiasme chez les blancs, que Friquet, et l'Américain lui-même, en dépit de son flegme, ont peine à étouffer un hourra retentissant.

Les cavaliers descendent la colline en bon ordre, et sans exciter la défiance des farouches animaux qui se laissent approcher à moins d'un kilomètre.

Tout à coup, le charme est rompu. Aux grognements sourds poussés par les taureaux, toutes les bêtes se lèvent tumultueusement, se serrent les unes contre les autres et détalent au triple galop.

Le chef aussitôt lance son cri de guerre, et tous ces Indiens civilisés, enfiévrés à la vue de leur gibier favori, redeviennent en un moment les primitifs habitants de la Prairie, de véritables sauvages.

Les chevaux, excités par les hurlements formidables qui éclatent sur toute la ligne, chargent à fond de train, tout en formant, en un clin d'œil, un V immense, dont les deux branches s'avancent en enserrant le troupeau tout entier.

Les bisons, épouvantés, précipitent leur allure et se serrent de plus en plus en une phalange redoutable que le canon lui-même ne pourrait entamer.

Friquet et André que ce spectacle tout nouveau intéresse au plus haut point, grisés par cette course folle, ne cherchent même pas à guider leurs chevaux. Les nobles animaux, admirablement dressés à cette chasse, évitent avec un instinct prodigieux tous les obstacles formés par les herbes abattues, les terriers de chiens des prairies ou les excavations pratiquées dans le sol mouvant par les bisons.

Cependant, les cavaliers gagnent peu à peu sur les fuyards qui, jusqu'alors, ne paraissent pas décidés à se défendre.

— M'sieu André, s'écrie Friquet, on a calomnié ces bêtes-là.

« Voyez donc comme elles détalent !...

« On ne voit plus que des croupes terminées par des queues courbées en arc...

« C'est pas ça qu'on appelle faire tête, en vénerie.

— Patience ! répond André.

« Quand nous aurons ainsi galopé à leurs trousses pendant une heure, quand ils commenceront à sentir la fatigue, tu les verras brusquement changer de face...

« Surtout, n'oublie pas, quand tu seras chargé à ton tour par un de ces mastodontes, de laisser évoluer ton cheval.

« Il saura, mieux que toi, prévoir les manœuvres du bison et les éviter.

— Compris, m'sieu André.

Peu à peu, l'ordre d'évolution s'est modifié. Bientôt il est rompu au premier signe de lassitude présenté par les fuyards.

Chaque Indien a choisi sa victime, et s'efforce de la détacher du groupe. Ils s'en approchent avec une témérité inouïe, jusqu'à les frapper du long fouet qui leur sert de cravache, mais en se gardant bien d'ouvrir le feu avant que la débandade ne soit commencée.

Un bison vigoureusement cinglé fait-il volteface pour charger son audacieux ennemi, aussitôt le cheval, qui a pressenti d'instinct ce mouvement, se dérobe plus brusquement encore, et s'enfuit pour attirer l'animal sur ses traces.

Bientôt, celui-ci reconnaissant l'inutilité de ses efforts, retourne au troupeau, à moins qu'un autre chasseur survenant à l'improviste ne lui coupe la retraite.

Quelques-uns, cependant, commencent à n'être déjà plus d'aussi bonne composition. Harcelés sans cesse, revenus de la première épouvante causée toujours par l'apparition de l'homme sur les animaux, même les plus féroces, essoufflés par cette course désordonnée, confiants d'ailleurs dans leur force prodigieuse, ils s'écartent d'eux-mêmes de la troupe, comme pour opérer une diversion et soutenir la retraite.

Friquet, comprenant que le moment de faire le coup de feu n'est point éloigné, ralentit l'allure de son cheval, lui fait prendre le petit trot, puis le met au pas et l'arrête tout à fait.

Il saisit sa carabine de Greener calibre 8,

qu'il porte en bandoulière, et qu'il a échangée avant le départ contre son Winchester, s'assure qu'elle est chargée, et va reprendre sa course, quand des cris et des coups de feu lui font brusquement lever la tête.

Les chasseurs sont à deux cents mètres au moins en avant de lui, et un taureau énorme, à la tête formidable, vient de franchir leur ligne.

Blessé à la croupe au moment où il se dérobait, il est devenu plus furieux encore et sa rage ne connaît plus de bornes, quand il aperçoit Friquet, immobile comme une statue équestre.

— Tiens! dit tranquillement le Parisien en voyant cette masse de chair rouler vers lui comme une trombe, voilà bien mon affaire, et je vais sûrement « étrenner ».

« Là!... Cocote, ne nous emballons pas et restons tranquille.

Mais, sentant que son cheval va faire volte-face, et ne voulant pas perdre une si belle occasion de faire feu, il lui jette sur la tête la petite couverture qu'il porte simplement posée à plat devant sa selle.

Le cheval, aussitôt aveuglé, s'arrête au moment où il va bondir, et demeure immobile, tremblant de tous ses membres.

Le monstre n'est plus qu'à quarante pas.

Friquet le met froidement en joue et le laisse encore approcher.

— Eh!... By God! s'écrie l'Américain qui le voit viser l'animal en pleine tête, il va se faire mettre en miettes!...

« Ne sait-il donc pas que le crâne du buffalo est à l'épreuve de la balle?

En ce moment, le bison est à vingt pas de l'intrépide gamin.

Un nuage blanc empanache l'extrémité de son arme, une détonation aussi forte qu'un coup de mine éclate, et l'animal, foudroyé en pleine course, se dresse sur les pieds de derrière, se renverse brusquement et reste allongé sur le dos, en envoyant, des quatre pieds, des ruades convulsives.

Le colonel arrivait à toute bride, pendant que Friquet, après avoir décapuchonné son cheval et remis une cartouche dans sa carabine, s'approchait de sa victime.

— Hipp!... Hipp!... Hurrah!... rugissait le colonel émerveillé.

« C'est splendide, admirable, ce que vous venez de faire là, commandant!

— Tiens, murmure Friquet, je monte en grade.

« Allons, ça ne va pas mal, et je compte bien

passer colonel avant la fin de la journée, si ça n'est pas plus difficile que ça.

« Merci! colonel, vous êtes bien bon.

« Mais, vous voyez, c'est tout simple.

— Tout simple!... Vous appelez cela tout simple, culbuter ainsi, comme un chien des prairies, un bison qui pèse trois mille livres... et tiré en plein crâne, encore!

— Dame! c'est ma petite carabine Greener... un joujou qui vous pousse avec dix-sept grammes et demi de poudre un noyau de plomb pesant soixante-quinze grammes, la nommée balle Express, quoi!

— Savez-vous bien, reprend le Yankee, que le crâne est pulvérisé... que la cervelle a jailli au dehors...

— Ben oui, et le contraire m'étonnerait.

« Mâtin! que c'est laid de tout près, un bison.

« Allons, faut pas nous éterniser ici, et si vous m'en croyez, nous allons continuer ce petit exercice.

— Mais, attendez donc avant de vous éloigner.

« Tout chasseur qui a abattu un buffalo rapporte comme trophée la queue de l'animal.

— Tiens!... drôle d'idée.

« Enfin, si c'est dans les habitudes du pays, je vais détacher ce singulier trophée.

— C'est fait, reprend le colonel après avoir tiré son bowie-knife et tranché d'un coup sec l'appendice qu'il présente au jeune homme.

— Merci bien.

Puis, remarquant la houppe de poils rudes terminant cette queue laineuse, très courte, et tout à fait disproportionnée avec la stature de la bête, il ajoute en riant :

« C'est le cas ou jamais de le dire : A moi le pompon !

Les deux compagnons font reprendre le galop à leurs chevaux, s'empressent de rejoindre le gros des combattants, remettant à plus tard le soin de dépouiller de sa robe cette première victime, et d'en enlever les parties les plus succulentes.

Au loin, la mêlée est devenue générale. C'est un pêle-mêle fantastique d'êtres furieux ou effarés, évoluant au milieu d'une poussière épaisse, à travers laquelle on distingue à peine les sauvages chasseurs et leur farouche gibier. Aux grognements d'épouvante ou de douleur, aux râles d'agonie ou de fureur se mêlent les cris assourdissants des Indiens et les détonations sonores des Winchester. Les éclairs de la poudre rayent le nuage qui enveloppe ce champ de carnage, les balles sifflent, de véritables monceaux de chair s'amoncellent par place.

De temps en temps une détonation plus forte domine tout ce fracas. C'est le tonnerre produit par les carabines des deux Français.

Autant de bêtes touchées, autant de bêtes abattues. Ils commencent par être embarrassés des queues de leurs victimes, et il est à présumer qu'ils seront les rois de la chasse.

Entre temps, André qui a rejoint son ami, accomplit un coup double qui arrache aux Indiens de véritables hurlements d'enthousiasme.

Sachant que la chair des femelles est de beaucoup plus succulente que celle des mâles dont, en revanche, la robe est bien plus estimée, André avait réussi à détourner une génisse et s'apprêtait à la fusiller.

Tout à coup, un taureau non moins monstrueux que celui de Friquet, s'élance vers le jeune homme et le charge d'un côté, pendant que la génisse le menace de l'autre.

Friquet veut prendre sa part du danger.

— Laisse-moi faire, dit brièvement André.

« A moi les deux !

« Un coup double...

Son premier coup de feu éclate à ce moment et foudroie le taureau.

— ... de bisons est unique...

Pan ! et la génisse culbute comme un chevreuil.

10

— ... dans la vie d'un chasseur.

— Vivent les Français du vieux pays !... rugissent quelques Indiens, entre autres Blaise et Gilbert, qui, après avoir saigné les bêtes abattues, apparaissent rouges de sang des mains à la poitrine.

Peu à peu, le nuage de poussière et de fumée s'est dissipé. Les cris sont devenus moins retentissants, et les détonations n'éclatent plus que de loin en loin.

Les hommes commencent à être fatigués et les chevaux épuisés.

Le chef pousse plusieurs coups de sifflet stridents, et l'on voit accourir ses fils et ceux des Cœurs-d'Alène qui, plus sages que leurs compagnons, ne se sont pas follement emballés à la poursuite des bisons.

— Allons, enfants, dit-il aux chasseurs composant le groupe, c'est assez pour aujourd'hui.

« Nous ne sommes pas des sauvages, mais d'honnêtes chasseurs cherchant à se nourrir et à se vêtir, sans gaspiller ce gibier qui est pour nous une ressource providentielle.

« A l'ouvrage, enfants, en attendant que les autres reviennent.

« La chasse est finie pour aujourd'hui, nous recommencerons demain.

CHAPITRE X

Après la chasse. — Tous bouchers. — Les mécomptes d'un novice. — Difficultés éprouvées par Friquet pour dépouiller un bison. — Ce qu'on entend par *corne verte*. — Conseils pratiques d'un vieux chasseur. — Le boudin des prairies. — Comment on prépare une « robe » de bison. — Friquet prétend s'être amusé comme une douzaine de bienheureux. — Campement et retour d'un chasseur isolé. — Inquiétudes d'un homme peu impressionnable. — La piste d'un cheval qui marche l'amble.

Les sages paroles du chef ont soudain arrêté le massacre.

Les chasseurs ont mis pied à terre, enlevé à leurs chevaux les selles ainsi que les brides, et les vaillants animaux rendus à la liberté, s'empressent de brouter avidement les tiges savoureuses de buffalo-grass.

Au loin, quelques détonations éclatent de temps en temps.

Quelques Indiens, emportés par leur ardeur, bataillent encore aux confins de la Prairie, mais la majeure partie est réunie au point où la lutte ayant été plus sérieuse, les cadavres de bisons jonchent littéralement le sol.

Il s'agit maintenant de tirer parti de cet énorme entassement, et de préparer méthodiquement, en prévision des besoins futurs, la chair et les fourrures.

Aux enivrements de la lutte va succéder un travail à coup sûr plus prosaïque, mais non moins utile que la chasse elle-même, et certainement plus difficile pour qui n'en a pas l'habitude.

A ce propos, Friquet lui-même, le « débrouillard » par excellence, allait éprouver de l'embarras, et arriver à cette conclusion formulée souvent par la sagesse des nations, que celui qui sait vaincre ignore parfois comment profiter de sa victoire.

Le Parisien ayant débuté à la satisfaction générale dans la carrière de chasseur de bisons, voulait, non sans raison, se livrer à toutes les opérations concernant cette noble profession, et ne pas se borner, comme les Nemrods anglais, à l'abattage pur et simple du gibier.

Dépouiller un bison de sa robe, apprêter cette robe et s'en confectionner une fourrure, débiter la bête par quartiers, diviser la chair pour le boucanage, extraire la langue, retirer le filet, enlever la bosse, désarticuler les os à moelle, ces multiples opérations formaient pour lui l'indispensable complément de cette première journée.

Déjà fort d'une certaine expérience acquise au cours de sa longue croisière cynégétique, il ne lui paraît pas plus impossible de déshabiller un bison qu'un lion, un tigre ou une simple panthère.

Aussi, est-ce avec cette inaltérable confiance formant le fond de son caractère, qu'il s'avance vers un taureau monstrueux, dont la robe pourrait envelopper au moins trois personnages d'un volume égal au sien.

Il tire son couteau et s'installe près de l'Américain, qui, rouge des mains aux épaules, tranche, rogne, dissèque avec l'habileté d'un véritable « saladeriste ».

Friquet sectionne la peau de sa bête dans toute sa longueur, par une incision partant de la lèvre inférieure, passant sur le poitrail, se continuant sur l'abdomen et se terminant entre les cuisses.

Puis, il se met à découper méthodiquement, en passant sa lame entre le cuir et la couche musculaire.

10.

Le voilà parti à tailler...

Mais quoi! en dépit d'efforts consciencieux et d'une adresse incontestable, la besogne n'avance guère.

Le Parisien s'évertue, il commence à transpirer comme un alcarazas, et la peau qui se défend, semble repousser le fil de la lame.

— Pétard! murmure le jeune homme dépité.

« Ce cuir adhère tellement à la chair, que c'est le diable pour l'en séparer.

Le colonel sourit malicieusement, crache son jus de tabac, et tranche à larges coups avec une précision inouïe.

— Ensuite, reprend Friquet, ces pelotes de graisse qui roulent sous mes doigts, m'enlèvent toute prise; mon couteau glisse, la peau m'échappe...

« C'est bête, mais je n'avance à rien.

« Ah! mais, minute, c'est autre chose que de déshabiller un tigre... même royal.

— En effet, répond brièvement l'Américain qui a déjà entièrement dépouillé sa bête.

« Tenez, master Friquet, si vous m'en croyez, vous me laisserez finir.

« Sans vous offenser, ce serait dommage de massacrer cette robe.... Vous vous habituerez plus tard... sur des génisses... c'est moins dur.

Friquet met froidement en joue le bison. (Page 166.)

— Ma foi, colonel, bien volontiers !

« J'accepte sans fausse honte...

« Mais, je ne puis pourtant pas rester là les bras croisés pendant que tout le monde s'escrime.

— Qu'à cela ne tienne !

« Retirez la langue, la bosse, les intestins et le filet de ma bête.

— Allons-y.

— Eh ! By God !... que faites-vous là ?

— Vous le voyez : j'enlève un gigot tout entier.

« Oh ! soyez tranquille ; je sais très bien où est le joint de l'articulation.

— Il s'agit bien de gigot, de joint, et d'articulation.

« Commencez par le commencement.

« Les habitants de la frontière ont bien raison, de dire qu'une « *corne verte* » mourrait de faim près d'un buffalo, sans même réussir à l'entamer.

— Vous dites : *Corne verte !*...

« Quésaco ?...

— Oh ! c'est, sans mauvaise intention, le nom sous lequel on désigne les novices.

— Merci !... vous êtes bien bon.

« Expliquez-moi donc la méthode pour arriver à découper comme il faut la bébête ; car, d'honneur, je ne voudrais pas être longtemps *corne verte!*

— All right!

« Enfoncez votre couteau derrière l'épaule, entre les côtes. Bon! Taillez en haut jusqu'à l'épine dorsale... en bas, jusqu'à la poitrine.

« Séparez de même les dernières côtes jusqu'au-dessous du ventre.

« Très bien! Poussez l'incision jusqu'au point de départ.

« Vous avez une jolie poigne, master Friquet.

« Prenez maintenant ma hachette et cognez ferme sur ces côtes à leur jonction avec l'épine dorsale.

— Eh! aïe donc!... s'écrie le Parisien en bûchant à tour de bras.

« Ça y est, et c'est plus facile que je ne pensais.

— C'est tout!

« Vous n'avez plus qu'à relever les deux quartiers comme on ouvre une porte à deux battants... pénétrer dans l'intérieur, extraire les entrailles et lever les filets.

— Bon!

« C'est malpropre, mais ça va tout seul.

— Pendant que vous y êtes, prenez un morceau de la bosse.

« Une incision circulaire... tirez... solidement... Voilà qui est bien.

— Et la langue, colonel! La langue légendaire, dont les auteurs ont tant parlé, sans nous avoir jamais dit comment on la cueille!

— Cueillir est le mot.

« Comme le mufle de notre animal résisterait à tous vos efforts, contentez-vous d'inciser la gorge entre les deux mâchoires.

« Empoignez ce lambeau violacé, et coupez-le à la base.

— C'est tout ça une langue!

« Mais ça pèse plus de dix livres!

— Very well! dix bonnes livres.

« Voilà, master Friquet, comment on dissèque un buffalo.

— Et toute cette chair qui reste là en tas, qu'en va-t-on faire?

— Cela regarde les Indiens... ils sauront en temps et lieu la préparer pour leurs besoins personnels.

« Les chasseurs de buffalos ne prennent de leur gibier que ces morceaux de choix.

« Les coyotes et les vautours s'arrangent de nos reliefs... Il faut bien que chacun vive.

« Là... voici votre robe prête. Nous allons

lui faire bientôt subir une première préparation.

« Mais, auparavant, laissez-moi vous montrer comment on fabrique le boudin des prairies.

— Le boudin des prairies ?...

— Yes, sir.

« Aussi fin que la langue et la bosse réunies, et plus délicat que le filet.

— Voyons cela.

— C'est tout simple.

« Il s'agit de bien nettoyer cet intestin grêle, recouvert extérieurement d'une jolie couche de graisse si appétissante qu'elle tire l'œil et fait venir l'eau à la bouche.

« L'intestin soigneusement lavé, on le retourne de manière à mettre la graisse en dedans.

« On découpe ensuite de minces lanières de langue, de bosse et de filet qu'on mélange et qu'on insère dans cette enveloppe si douillettement capitonnée.

« Si l'on peut se procurer le sang d'un jeune veau, on s'en sert pour remplir tous les interstices. On se contente généralement d'eau claire en quantité suffisante, et on ficelle solidement par les deux bouts.

« Le boudin est fait, et il ne reste plus qu'à le mettre griller sur une couche de charbons ardents.

« Quand vous en aurez une fois goûté, vous ne voudrez plus d'autre cuisine.

— Quant à la préparation de la peau, ce ne doit pas être chose aisée, étant donné que les éléments nécessaires à l'industrie du mégissier me paraissent manquer absolument ici.

— Vous avez raison en principe, master Friquet.

« Mais ces vermines de Peaux-Rouges, auxquels on ne peut refuser par moment quelque peu d'instinct, et même d'intelligence, ont remplacé les procédés industriels par un tour de main particulier, qui, jusqu'à présent, a donné les meilleurs résultats.

— Le fait est que la merveilleuse souplesse de leurs robes de bisons, la parfaite conservation du cuir, l'adhérence absolue de la fourrure me semblent tout à fait surprenantes, eu égard aux moyens dont ils disposent.

— Nous allons faire comme eux.

« Veuillez reprendre la hachette, et fendre proprement le crâne de notre animal.

« Parfait !

« Vous possédez une vigueur et une habileté que vous envieraient beaucoup de nos bûcherons.

« Pendant que je vais sortir la cervelle de son

enveloppe osseuse, étendez sur la terre la peau, le poil en dessous.

L'Américain, alors, avisa une marmite de cuivre accrochée au bât d'un cheval de charge, la remplit d'eau jusqu'au tiers, y jeta la cervelle, et se mit à la triturer vigoureusement, de façon à former une bouillie épaisse.

Cela fait, il enduisit le cuir avec cette bouillie, en frottant à tour de bras de façon à la faire pénétrer dans l'épaisseur du tégument.

Après une solide friction qui dura bien un quart d'heure, il enroula simplement la peau, la ficela à l'aide d'une longe et la déposa près de sa selle avec son harnois de chasseur.

— C'est tout? demanda Friquet.

— Pas tout à fait.

« La robe demeurera ainsi enroulée pendant vingt-quatre heures, le temps de bien s'imprégner de ce mélange onctueux d'eau et de cervelle.

« Après-demain matin, je la laverai, puis profitant de ce qu'elle est encore humide, nous la frotterons de nouveau, mais avec un morceau de bois taillé en biseau, pour enlever les fibres et la rendre aussi souple que du velours.

« Il nous restera alors à creuser un trou, à le remplir d'un combustible qui brûle sans flamber en produisant une épaisse fumée : par exemple, de l'herbe humide.

« La robe sera exposée des deux côtés à la fumée qui la pénétrera et lui donnera une superbe teinte jaune clair.

« Elle sera dès lors préservée de toutes les décompositions et ne pourra plus ni durcir ni se rétrécir.

« Voilà, master Friquet.

— Merci, colonel.

« Vous personnifiez ce qu'on pourrait appeler le comble de l'obligeance, et c'est plaisir, pour une « *corné verte* », de recevoir des leçons d'un homme aussi expérimenté que vous.

Pendant ce temps, André qui avait rapidement crayonné un croquis du tableau fort original offert par le campement, s'était approché des deux compagnons.

— Eh! que diable fais-tu donc là? demanda-t-il à Friquet.

— Vous le voyez, m'sieu André, je travaille pour la collection, tout en faisant mon apprentissage d'ouvrier en robes.

« Si vous voulez aussi mettre la main à la pâte...

— Non, merci!

« Je ne me sens pas aujourd'hui le moindre goût pour le travail manuel.

« Je vais me contenter, mon croquis terminé, de visiter à fond nos armes qui commencent à avoir besoin d'un nettoyage complet.

« Eh bien! à propos, t'es-tu amusé, à ton ouverture de chasse aux bisons?

— Comme une douzaine de bienheureux!

« Quand je pense que nos clampins de Parisiens ont préféré rester incrustés là-bas...

« Mais, suffit!

« Et nos amis les Cœurs-d'Alène, croyez-vous qu'ils s'en sont donné à cœur joie!

« Vraiment, je ne reconnaissais plus nos pacifiques agriculteurs.

« La chasse les transforme en véritables démons!

« Des enragés, quoi!

« Tenez, il y en a qui se sont emballés à perte de vue et qui « rappliquent » un à un, chargés comme des mulets de contrebandiers.

— Ce qui prouve qu'ils n'ont pas encore tout à fait dépouillé le vieil homme.

« Grattez le laboureur, vous trouverez le chasseur... grattez légèrement le chasseur et vous voyez apparaître le guerrier Peau-Rouge, le héros chanté par les écrivains des deux mondes.

— Vous croyez?

— Absolument.

« Vois donc ceux qui rentrent, comme ils sont animés par la lutte et la course qui l'a suivie.

« Le sang qui les souille des pieds à la tête, les a littéralement grisés.

— Il me semble qu'il en manque encore pas mal à l'appel.

« Est-ce qu'ils ne vont pas tous rentrer avant la nuit?

— Je ne crois pas.

« La poursuite les a entraînés fort loin.

« S'il faut deux heures de galop à un bon cheval pour forcer un taureau, trois heures et demie à quatre heures sont nécessaires pour atteindre les vaches qui sont bien moins pesantes.

« Du train dont elles détalent, elles emmènent le chasseur bien loin du campement.

— Je comprends ça.

« De façon que la nuit étant venue, le chasseur étant dans l'impossibilité de prendre son contre-pied est forcé de camper tout seul.

« C'est là une perspective à peine rassurante, et en tout cas désagréable.

— Peu lui importe!

« La Prairie est d'ailleurs très calme en ce moment, et les tribus sont en paix.

« Une fois son dîner préparé avec cette célérité que nous pouvons à peine concevoir, son cheval attaché aux cornes du bison mort, il passera volontiers, après les fatigues écrasantes de la journée, la nuit à batailler contre les coyotes qui viendront lui disputer son gibier.

« Demain, dès l'aube, il enlèvera les muscles de la poitrine et de l'abdomen, les filets, la bosse et l'intestin grêle; détachera les côtes avec la chair qui les garnit, installera tout cela sur le dos de son cheval, s'improvisera avec les côtes brisées au milieu, une selle sanglante, à l'arçon de laquelle il attachera la langue.

« Puis, laissant le reste de l'animal aux loups qui trouveront là une abondante curée, il reviendra à fond de train à travers les herbes, au campement, sans plus se tromper de direction que s'il suivait une de nos routes nationales.

— Eh bien! vrai de vrai, je trouve qu'il y a des jours où c'est véritablement agréable d'être Peau-Rouge.

« Voyez donc quel coup d'œil pittoresque présente notre installation au milieu de la Prairie.

« Comme tous nos braves amis circulent affairés à travers ces brasiers sur lesquels bouillonnent les marmites, pétillent les rosbifs, grésillent les boudins.

« Une vraie noce de Gamache en pleine sauvagerie !

« Et ces chairs rouges, accrochées, étalées, découpées en lanières... ces monceaux de victuailles sur lesquels s'acharnent les bouchers improvisés... Ne dirait-on pas que c'est aujourd'hui la moisson... la moisson de la viande !

— Parfaitement, répondit André en souriant à l'enthousiasme de son ami.

Puis, s'adressant au cow-boy qui, flegmatiquement assis sur une tête de bison fraîchement coupée, mâchonne sans mot dire son éternel tabac :

— Quant à vous, colonel, vous êtes blasé sans doute sur toutes ces choses si nouvelles pour nous...

— Blasé... yes, sir !

« Vous pouvez ajouter : inquiet.

— Pas possible !

« Un vieux routier comme vous...

— C'est positivement pour cela.

— Mais, pourquoi ?

— Que dites-vous des chevaux de nos amis les Cœurs-d'Alène?

— Que ce sont des bêtes incomparables comme fond, superbes comme forme, et merveilleusement dressées.

— D'accord.

« Ce n'est pas cela dont il s'agit.

« Avez-vous remarqué qu'il y en ait un seul possédant cette allure appelée l' « amble » par les cavaliers de votre pays?

— Pas un seul.

— Ni moi, répondit également Friquet.

— Du reste, si je ne me trompe, les cavaliers Indiens ne veulent, en aucun cas, d'un cheval qui va l'amble, car si cette allure est douce pour l'homme, elle est fatigante pour l'animal et lui fait souvent faire des faux pas.

— Vous avez raison.

« Sur dix mille Peaux-Rouges, on n'en trouverait peut-être pas deux possédant un de ces chevaux.

— Eh bien?...

— Eh bien! j'ai coupé aujourd'hui la trace d'un cheval marchant l'amble.

« Cette trace n'a pas plus de deux jours.

— Qu'est-ce que cela prouve?

— Que si sur dix mille Peaux-Rouges il n'y

a pas deux chevaux de cette allure, il y en a au moins un.

— Cela me parait indiqué, puisque vous avez vu la piste.

— Messieurs, je ne crois rien vous apprendre de nouveau en vous disant que je ne suis pas très impressionnable.

« La vie a eu pour moi des vicissitudes étranges et terribles, sans que mon impassibilité américaine se soit démentie.

— Nous n'en doutons pas.

« Mais, où voulez-vous en venir ?

— A ceci : qu'il vaudrait mille fois mieux pour nous rencontrer le diable en personne, que le propriétaire de ce cheval maudit.

« Vous prétendiez tout à l'heure que la Prairie est calme. Puissiez-vous dire vrai !

« Puisse aussi notre destinée nous éloigner du voisinage de cet homme !

CHAPITRE XI

Les jours se suivent et ne se ressemblent pas. — Singulière disparition des bisons. — Nouvelles manœuvres. — Friquet seul dans la Prairie, livré à ses réflexions. — Surprise désagréable. — Cheval et cavalier par terre.— Lutte courte, mais décisive. — Quatre Indiens insoumis. — Pris au lasso. — Le mystère ne s'éclaircit pas. — Est-ce une prise d'armes générale ou un fait isolé de violence? — Au bord de la rivière. — La halte des Indiens. — Les trois prisonniers. — Le Scalpeur-Blanc !... — Le Crâne-Sanglant!...

Comme André l'avait prévu, les retardataires revinrent dans la matinée, et rapportèrent au campement les morceaux de choix enlevés aux bisons tombés sous leurs coups.

La journée tout entière, ainsi que celle du lendemain, furent employées à préparer la chair et les peaux que l'on empilait, au fur et à mesure, dans les chariots amenés par l'arrière-garde sur le lieu du carnage.

En dépit de la proverbiale prodigalité des

Peaux-Rouges, les Cœurs-d'Alène rendus plus économes par les leçons de leurs sages précepteurs, utilisèrent incomparablement mieux que ne le font leurs congénères, les dépouilles des sauvages ruminants de la Prairie.

Mais qu'il y avait encore loin de l'industrieuse parcimonie des bouchers civilisés. Quelle profusion ! Quel gâchis ! Quels festins pour les vautours et les coyotes !

Le troisième jour, les bouchers improvisés, redevenus chasseurs, remontèrent à cheval et recommencèrent à battre l'immense plaine.

Chose étrange, il semble que cette première hécatombe ait eu pour résultat d'épouvanter les bisons et de les éloigner, au point qu'ils deviennent absolument introuvables.

D'ordinaire, il n'en est pas ainsi.

Soit confiance dans leur force, soit fatigue, soit plutôt oubli du péril, ils ont l'habitude de s'arrêter dès que la poursuite a cessé, comme s'ils ne pouvaient abandonner les pâturages savoureux auxquels ils ont donné leur nom.

Aussi, est-il presque sans exemple qu'un troupeau se dérobe au lendemain de la première bataille.

En présence de cette singulière disparition, les chefs tiennent un conseil auquel sont invités, par déférence, les trois blancs, et il est convenu à l'unanimité, que la troupe se fractionnera en plusieurs détachements.

Ces détachements pousseront de l'avant, rayonneront en éventail, de façon à retrouver plus facilement les fugitifs, et opéreront pour leur propre compte, sans se préoccuper des autres.

Voilà qui est entendu.

Cette décision eût constitué jadis la plus grave imprudence, alors que les tribus vivaient sur un pied de guerre perpétuel. Mais depuis longtemps déjà, les malheureux Indiens, repoussés, traqués, décimés par les citoyens de l'Union, ne se font plus la guerre et réunissent leurs efforts — inutilement d'ailleurs — pour résister à l'envahissement des blancs, qui s'avancent comme les flots de la marée montante.

Il y a bien de ci, de là, quelques coups de feu envoyés à l'adresse d'incorrigibles voleurs de chevaux qui paient leurs méfaits de la perte de leur chevelure et, ce qui est plus grave, de la perte de leur existence. Mais, comme ils opèrent à leurs risques et périls, ils sont désavoués par leurs tribus, et les procédés de sommaire justice qui leur sont appliqués n'amènent point de représailles.

André, Friquet et le colonel se joignent, en conséquence, à un détachement commandé par Blaise, et au signal donné par le vieux Baptiste, toutes les troupes, composées selon le caprice ou les sympathies des chasseurs, s'élancent à travers les herbes.

Nous suivrons naturellement les trois compagnons.

Ils chevauchent en tête du groupe, interrogent minutieusement l'espace, concentrent pour ainsi dire toutes leurs facultés sur l'organe de la vision, espérant toujours apercevoir la silhouette massive d'un bison se découper sur la ligne d'horizon.

André ne quitte plus sa lorgnette, et ne peut de temps en temps retenir un geste de désappointement, en voyant tous ses efforts inutiles.

Friquet, joyeux comme un écolier en vacances, assaisonne de lazzi cette déconvenue qui n'en est pas moins amère, et l'Américain, plus morose, plus renfrogné que jamais, a pris le parti de cesser toute recherche.

On galope ainsi pendant une demi-journée, sans que le moindre incident vienne interrompre l'énervante monotonie de cette interminable chevauchée.

Écrasés de fatigue, suffoqués par la chaleur,

hommes et bêtes sentent un besoin impérieux de repos.

Blaise commande la halte. Les chasseurs, nonobstant la bredouille, n'ont pas perdu l'appétit. Ils absorbent avec une hâte voisine de la voracité d'énormes et succulentes tranches de bison, pendant que les chevaux broutent avidement le buffalo-grass.

Devant cette disparition de plus en plus étrange du gibier, Blaise pense à modifier l'organisation de sa troupe. Il prétend, non sans raison, que tous ceux qui la composent doivent à leur tour s'éloigner les uns des autres à la distance d'environ un kilomètre, de façon à former une ligne immense embrassant une vaste étendue de terrain.

Nul doute que les hommes composant les autres groupes n'aient eu la même idée, qu'il est essentiel de mettre au plus vite à exécution.

En procédant de la sorte, il est impossible que, avant peu, il n'y ait pas du nouveau, puisque la plaine entière va être ainsi inventoriée de toutes parts.

Friquet et André s'orientent à l'aide de leur boussole et s'assurent de leur direction. C'est là une précaution qui semblerait tout d'abord superflue, puisque les cavaliers ne doivent pas se perdre de vue. Mais ils n'ont pas oublié la triste déconvenue éprouvée en Birmanie dans la forêt de tecks, et ils ne voudraient pas, pour tout au monde, courir de pareils risques, lorsqu'il est si facile de les éviter.

L'Américain, rompu à toutes les éventualités de la vie du désert, embrasse l'horizon d'un rapide coup d'œil, insinue sous sa joue un dixième paquet de tabac, passe sa carabine en bandoulière et se met en ligne sans dire un seul mot.

Il a été simplement convenu que le premier qui découvrira un bison tirera un coup de fusil et s'arrêtera. Ses voisins de droite et de gauche l'imiteront et se rallieront à lui, de façon que le signal ayant été répété de proche en proche, tous les chasseurs puissent se rassembler et concerter leurs moyens d'attaque.

De nouveau les heures s'écoulent, et les bisons demeurent de plus en plus invisibles. Ce n'est pas que les traces manquent, bien au contraire, mais elles s'éloignent invariablement vers le Nord, comme si les sauvages ruminants, obéissant, eux aussi, à un mot d'ordre, s'étaient donné le mot pour suivre, contrairement à leurs habitudes, une direction identique.

Friquet, resté seul entre le colonel et André

qui se sont écartés à la distance indiquée par Blaise, commence à trouver le temps bien long. Ignorant quelles difficiles et parfois désespérantes manœuvres le chasseur est forcé d'opérer, habitué d'ailleurs à rencontrer le gibier sans presque avoir eu besoin d'en souhaiter la présence, il enrage et peste de tout son cœur, car sa naissante passion pour la chasse n'a pas encore eu le temps d'être complétée par cette suprême vertu indispensable aux Nemrods de tous les pays : la patience.

Il monologue tout en écarquillant les yeux.

— ... Non, ça n'est pas drôle de trotter ainsi une journée entière à travers la nommée Prairie... le soi-disant paradis terrestre du chasseur, et faire chou-blanc.

« On n'a pourtant pas promené la pantière, ici, comme jadis sur les terres de m'sieu André, là-bas, en Beauce, et les bisons ne s'escamotent pas comme de simples perdreaux gris.

« Jusqu'à présent, tout a marché comme sur des roulettes. Nous avons rencontré et massacré des lions, des rhinocéros, des hippopotames, des tigres, des éléphants, sans compter les bestioles à plumes de toute espèce, de toute couleur, de toute grosseur.

« C'était d'ailleurs la moindre des choses, et

notre excursion non moins originale que périlleuse, méritait un semblable succès.

« Tandis qu'aujourd'hui... Pétard !

« C'est qu'on ne trouve rien !... mais rien de rien !

« On dirait vraiment qu'y a quéque chose dans l'air.

« J'ai comme une espèce de vague pressentiment...

« D'autant plus que ce farceur de colonel vous a une figure de vent debout, depuis que la rencontre de la piste de ce cheval mystérieux l'a chaviré la quille en l'air.

« Voilà qui est au moins singulier.

« Le digne homme est un luron qui ne me fait guère l'effet d'être bien impressionnable.

« Et pourtant, ça lui a produit une drôle d'impression.

« Hum !... il ne nous a pas raconté sa vie, et je crois ne pas me tromper, en me disant à part moi, sans mauvaise intention, qu'il porte la figure d'un particulier qui a fait les cent dix-neuf coups.

« Allons, bon ! voilà les herbes qui grandissent au point de cacher mon cheval tout entier. Je suis comme submergé au milieu de ces tiges qui s'inclinent et roulent sous la brise comme les lames de l'Océan.

« Hé ! Cocote, faut trotter... on n'a pas commandé : Au pas !

« Qu'est-ce qu'y a... tu chantes?...

« Est-ce que tu sentirais du gibier, ou bien d'autres chevaux ?

« Suis-je bête ! s'il y avait des chevaux, je verrais au moins les cavaliers émerger depuis les aisselles.

« Tiens !... on dirait qu'il y a pourtant quelque chose, au milieu de ces herbes énormes. Il me semble apercevoir, de place en place, comme des sillages produits par la poussée d'un je ne sais quoi qui les courbe...

« Faudrait voir...

En entendant hennir de nouveau son cheval, Friquet interrompt soudain ses réflexions, lâche la bride pour avoir les mains libres, et se met en devoir de saisir sa carabine qu'il porte en bandoulière.

Il n'en a pas le temps. L'animal, qui trotte légèrement, en dépit de l'obstacle apporté à sa marche par les graminées géantes, bronche tout à coup et s'abat lourdement.

Friquet, surpris par cette chute inattendue, obéit naturellement à l'impulsion donnée, opère une jolie culbute en avant, tombe sur sa carabine, dont le canon est faussé du coup, et reste étalé au milieu des herbes.

— Mille tonnerres! s'écrie-t-il, furieux et décontenancé tout à la fois.

Il essaie de se relever, mais des mains brutales le saisissent aussitôt et tentent de paralyser tout mouvement.

Mais, c'est un rude homme, que notre gamin de Paris. En dépit de son apparence un peu mièvre, de sa petite taille et de sa figure pâlotte, il possède, nous le savons, avec une musculature d'athlète, une agilité de quadrumane.

— De quoi! dit-il railleusement, une attaque, et pas nocturne, encore...

« A bas les pattes, ou gare aux renfoncements.

Il se dégage par une secousse irrésistible et culbute presque sans effort les inconnus qui l'étreignent. Bien que meurtri de sa chute et tout empêtré par les herbes tordues autour de son arme, il se dresse d'un bond, aperçoit un Indien qui lui fait face et lui aplatit la figure d'un coup de poing.

— Tiens donc, eh! vieux laid...

Le sauvage s'effondre aussitôt sous ce choc terrible.

À peine ce premier ennemi est-il momentanément hors de combat, que le Parisien se sent étreint en arrière par deux bras qui se nouent sur sa poitrine.

Puis, un troisième ennemi émerge aussitôt des hautes herbes et prend la place de celui qui vient d'être abattu par le coup de poing.

Friquet, que son sang-froid n'abandonne jamais dans les circonstances les plus périlleuses, aperçoit les deux mains croisées sur son sternum.

Comme il n'a pas le choix des moyens de défense, et qu'il est sans armes, il baisse la tête, saisit entre ses dents un pouce qui se trouve à portée de ses mâchoires, et l'écrase comme avec des tenailles.

Le Peau-Rouge pousse un hurlement de douleur et lâche prise, pendant que l'enragé gamin culbute d'un coup de pied appliqué au creux de l'estomac le troisième assaillant.

Le voilà dégagé.

— Pas possible!... un guet-apens...

« N'en faut pas.

« Vous me prenez pour un autre.

« Allons, houst! au large... ou je vous extermine.

Profitant du désarroi apporté par cette riposte

foudroyante, Friquet veut essayer de rejoindre son cheval qui se débat au milieu des herbes. Mais l'animal vient de se relever et s'enfuit affolé.

— Brute ! s'écrie le gamin furieux.

« Eh bien ! me voilà joli garçon.

Cependant, les Indiens ont rapidement repris leur sang-froid et retrouvé leurs forces. Chez de tels hommes, les défaillances sont courtes.

Ils se relèvent d'un bond, poussent un hurlement bref, strangulé, leur cri de guerre, et se ruent sur le jeune homme.

Celui-ci recule de deux pas et se prépare intrépidement à repousser ce choc. Tout espoir de vaincre n'est pas perdu, d'autant plus que ses ennemis ne paraissent pas vouloir se servir des armes — un couteau et une hache — qui brillent à leur ceinture.

On veut donc le prendre vivant.

Pendant les quelques secondes précédant l'attaque, il entend derrière lui comme un susurrement produit par le frottement d'un corps quelconque sur les tiges. Puis, il voit une longue et mince lanière qui disparaît, tirée par une main invisible.

Il reconnaît un lasso. Sans doute celui qui a fait tomber son cheval. Les Indiens semblent hésiter. Un moment s'écoule encore, puis un nouveau cri jaillit du milieu des herbes.

Friquet va s'élancer, mais il se sent rudement serré au niveau des coudes. Ses bras restent collés à son corps, tout mouvement lui devient impossible.

— Pincé, dit-il froidement, en se voyant pris dans un lasso dont le nœud coulant vient de s'abattre sur lui avec une précision diabolique.

Les trois Indiens qu'il a si fort malmenés tout à l'heure, s'approchent alors sans crainte, comme sans danger, lui attachent solidement les pieds et les mains, et lui appliquent sur la bouche un bâillon improvisé avec une sangle en peau de bison.

Puis, l'un d'eux fait entendre un sifflement rapide bizarrement modulé. A ce signal apparaît dans la petite clairière formée par la lutte au milieu des herbes foulées, un quatrième Peau-Rouge, qui tient encore à la main l'autre extrémité du lasso.

Ils prononcent quelques mots dans une langue inconnue, et celui qui a reçu au milieu du visage le superbe coup de poing détaché par Friquet, étanche le sang qui s'échappe de son nez.

Le jeune homme peut alors les examiner à loisir, tout en se demandant avec plus de curiosité que d'inquiétude ce qu'ils prétendent faire de lui.

Ceux-là ne sont pas des grotesques affublés de haillons civilisés, comme les rôdeurs rencontrés les jours précédents, avant l'arrivée chez les Cœurs-d'Alène.

Tête nue, peints en guerre, la face bizarrement enluminée de couleurs violentes, ils portent l'habillement des Indiens insoumis, le costume traditionnel qui n'a guère varié depuis la conquête.

C'est d'abord une longue blouse de chasse en peau de bison bien tannée, aussi souple que le velours, et dont les coutures sont ornées de longues franges — de fines lanières de cuir — et teintes de nuances diverses; puis le large pantalon également en cuir, et les mocassins curieusement brodés et agrémentés de soies de porc-épic.

L'un d'eux, le chef sans doute, est possesseur d'un collier composé d'une jolie série de griffes de grizzly, l'ours géant des Montagnes Rocheuses.

Les autres ont au col et au poignet des amulettes baroques, sans forme comme sans signification pour l'Européen qui n'est pas familiarisé avec leurs mœurs et leurs croyances.

Ils conservent, en l'exagérant encore, le maintien impassible des hommes de leur race qui tiennent, devant les blancs surtout, à donner à leur visage une expression impénétrable. Et Friquet auquel ces grands airs n'en imposent pas, constate que leurs peintures les enlaidissent considérablement, l'un d'eux surtout, qui avec ses yeux cerclés de jaune, ressemble à s'y méprendre à un énorme chat-huant.

Cependant, un nouveau signal a rapidement suivi le premier. Pour la seconde fois, les tiges frémissent et s'entr'ouvrent doucement sous l'effort de quatre superbes chevaux de la Prairie qui arrivent de quatre côtés différents, et renâclent en sentant les émanations du prisonnier.

Friquet est hissé sans plus de façon sur le garrot de l'un d'eux, à peu près comme un sac de blé sur l'échine d'un mulet, puis, les quatre hommes se mettent en selle, se courbent, ou plutôt s'aplatissent complètement sur leurs montures qui s'élancent au galop dans une direction évidemment familière.

En dépit de l'incommodité de sa position, le gamin, livré à ses réflexions, comprend alors comment et pourquoi cette façon de chevaucher dans les herbes géantes, l'a empêché de pressentir l'approche de ces redoutables ennemis.

Ces sillages entrevus tout à l'heure, étaient produits par leurs manœuvres, alors qu'ils coupaient en zigzag la Prairie, de façon à le dépasser lui-même et à préparer leur embuscade sur son chemin.

Mais alors, ce guet-apens dont il a été victime ne peut pas être un fait isolé. Quatre Indiens n'auraient pas osé s'aventurer seuls au milieu d'une troupe aussi nombreuse de chasseurs et consommer ainsi ce rapt audacieux.

Pourquoi, d'ailleurs, s'adresser plutôt à lui, Friquet, qu'à un autre. Quel motif puissant a pu les pousser à violenter ainsi, en pleine paix, la personne d'un blanc, et à braver les représailles qu'exerceront à coup sûr les Cœurs-d'Alène, aidés en cela par les corps de troupes fédérales cantonnés dans les postes-frontière.

Il est évident que les Cœurs-d'Alène ne manqueront pas de rechercher et de retrouver la trace de ceux qui ont enlevé le jeune homme, quand ils s'apercevront de sa disparition, et les commandants des troupes américaines, bientôt avertis, seront enchantés de faire cause commune avec eux, tant ils recherchent les occasions de batailler avec les Indiens insoumis.

D'autre part, si comme tout semble l'indiquer, ces quatre hommes ne sont pas seuls, leurs compagnons ont dû procéder de la même façon avec le colonel Bill placé à droite de Friquet, et André qui évoluait à sa gauche.

Enfin, si une tribu entière de nomades parcourt en ce moment la Prairie, et le fait est non seulement possible, mais probable, les hommes qui la composent, obéissant à un plan parfaitement organisé, ont dû former une chaîne immense, dans le but d'éloigner les bisons et d'attirer au loin, sur leurs traces, les trop confiants chasseurs.

Dans ce cas, quel peut bien être le motif d'une semblable déclaration de guerre?

Toutes ces réflexions, longues à formuler, traversent comme un éclair le cerveau du Parisien déjà fort incommodé par la position qu'il occupe sur le cheval et le galop horriblement dur de celui-ci.

Il se rappelle alors la découverte faite par l'Américain de la trace du cheval marchant l'amble, de l'angoisse causée à l'aventurier par cette découverte, et des paroles qu'il a prononcées à cette occasion : « Puisse notre bonne étoile nous éloigner de l'homme qui possède une semblable monture! »

Il y a donc là un mystère dont le colonel possède seul pour le moment la clef.

Friquet ne devait pas tarder à être édifié.

..... La chevauchée plus pénible encore que longue, dura environ trois heures. Puis, le groupe de cavaliers s'arrêta brusquement au bord d'une rivière assez large, et sur un emplacement circonscrit de trois côtés par une boucle de ce cours d'eau.

Ils mirent pied à terre, débarrassèrent le prisonnier de son bâillon, desserrèrent ses liens, lui donnèrent à boire et le laissèrent assis sur le sol sans paraître s'occuper de lui.

A sa profonde surprise, Friquet compte environ une soixantaine de Peaux-Rouges, tous peints et armés en guerre, qui l'examinent curieusement, sans qu'il puisse deviner, sur leurs figures enluminées, leurs intentions à son égard.

Les chevaux paissent entravés, mais ils sont restés sellés, avec les brides passées au cou. Ce n'est là qu'une halte et probablement le lieu de rendez-vous de ceux qui battent la plaine.

Tout à coup, ces hommes impassibles jusque-là, ne sont pas maîtres de retenir une brusque exclamation de joie. On entend le galop précipité d'une troupe de chevaux, et un peloton comprenant une douzaine d'Indiens apparaît aussitôt.

Deux hommes vêtus à l'européenne, garrottés étroitement comme tout à l'heure Friquet, sont transportés sur chacun un cheval.

Le Parisien les reconnaît aussitôt. L'un d'eux est André, l'autre l'Américain.

— Oh! les gredins! s'écrie le jeune homme, à l'aspect de son ami.

« Il n'y aura pas assez de sang sous leur peau pour payer une pareille canaillerie.

— Friquet, toi aussi, mon pauvre enfant! s'écrie à son tour André.

— Bah! laissez donc, m'sieu André, ça s'arrangera.

« Nous en avons vu bien d'autres, pas vrai!

L'Américain, lui, ne prononce pas un mot. Mais son œil parcourt anxieusement les rangs pressés des Indiens qui le dévisageaient avec une sorte d'insistance cruelle.

Tout à coup, il pâlit et ne peut réprimer un tressaillement nerveux, à l'aspect d'un homme qui sort du groupe et s'avance lentement vers lui.

Chose étrange, lui seul a la tête couverte. Un bonnet en peau de racoon, dont la queue pend sur ses épaules, est enfoncé jusque sur ses yeux.

Il s'arrête à deux pas du cow-boy, le regarde

pendant au moins une minute avec une expression de haine indicible, puis d'une voix gutturale, qu'une fureur contenue fait trembler légèrement, lui dit en anglais :

— Le Scalpeur-Blanc reconnaît sa victime...

Le colonel Bill, fixe sur lui des yeux hagards et ne répond pas.

Alors l'Indien, arrachant son bonnet, découvre un crâne luisant, hideux, recouvert d'une peau rosée sur laquelle il n'y a pas trace de cheveux.

— Le Crâne-Sanglant! s'écrie le cow-boy d'une voix étranglée.

CHAPITRE XII

Yankees et Peaux-Rouges. — La guerre au Colorado. — Sioux, Cheyennes et Arrapahoes. — Contre l'ennemi commun. — Guerre de partisans. — Le massacre de Sand-Creek. — Horreurs commises par les Américains. — Les scalpeurs blancs. — Première rencontre du colonel Bill et de Crâne-Sanglant. — Atroces représailles. — Trois ans de lutte. — La paix avec les cinq nations du Sud. — Deux ennemis qui ne désarment pas. — La contre-partie du massacre de Sand-Creek. — Une haine de seize ans!

En 1864, c'est-à-dire treize ans avant l'époque à laquelle se passent les faits que nous venons de raconter, la lutte séculaire engagée entre les Américains et les Peaux-Rouges avait, après d'innombrables alternatives de trêves et de batailles, repris avec une terrible intensité.

Semblable au foyer d'un incendie mal éteint, d'où jaillissent de temps en temps quelques poussées de flamme, la guerre se rallumait brusquement par place, sans motif apparent, et

Le Parisien se sent étreint par deux bras. (Page 198.)

mettait aux prises ces irréconciliables ennemis toujours en quête de prétextes pour s'entr'égorger.

De part et d'autre, les motifs les plus futiles amenaient d'épouvantables représailles que chacun provoquait comme à plaisir, sans souci des engagements les plus formels.

Ces motifs, d'ailleurs, ne manquaient guère aux Indiens qui, possédant ou croyant posséder de droit, sinon de fait, les vastes plaines de l'Ouest, voyaient à chaque instant les blancs s'avancer et s'installer comme en pays conquis.

Les pionniers d'avant-garde, gens d'ordinaire peu scrupuleux, habitués à faire aussi bon marché de leur propre existence, que de celle d'autrui, trouvant une place à leur convenance, s'y arrêtaient sans même soupçonner les droits plus ou moins réels du premier occupant, et répondaient, à coups de carabine, à tout semblant de réclamation.

D'autres pionniers suivaient bientôt, prêtaient main-forte aux premiers, s'alliaient contre l'ennemi commun, l'Indien qui, vainqueur ou vaincu, était, en fin de compte, forcé de se retirer vers les lieux encore inexplorés, pour trouver, sous peine de famine, de nouveaux territoires de chasse.

Il y avait bien de ci, de là, quelques retours offensifs. Les blancs étaient surpris et scalpés, les maisons brûlées, le bétail enlevé, les femmes et les enfants emmenés en captivité; mais alors, les colons, devenus aussi habiles que les sauvages à suivre la piste de la guerre, se mettaient à leur poursuite et se livraient à d'atroces représailles que n'eussent pas désavouées leurs féroces adversaires.

En 1864, avons-nous dit, la lutte avait recommencé plus ardente, plus acharnée, et elle avait pour théâtre l'État actuel du Colorado, alors simple territoire.

Limité au Nord par le territoire de Wyoming et l'État de Nébraska, à l'Est par l'État de Kansas et le territoire Indien, à l'Ouest par le territoire d'Utah, le Colorado possède une superficie d'environ 270,600 kilomètres carrés, la moitié de celle de la France.

A cheval sur les Montagnes Rocheuses, et renfermant les sources de quelques-unes des rivières dont se forme le Colorado de l'Ouest, tributaire du golfe de Californie, il présente à peu près la forme d'un rectangle, situé entre 37° — 41° de latitude Nord et 102° — 109° de longitude Ouest du méridien de Greenwich (104° 20' — 111° 20' du méridien de Paris).

Sauf quelques Mexicains établis à San-Luis Park, il n'y avait pas encore, en 1850, d'habitants de race blanche. En 1860, grâce au rapide développement des mines, on en comptait 35,000 disséminés de tous côtés.

En 1860, le Colorado était organisé en territoire (1) et n'avait que deux villes — de simples bourgades — Denver, la capitale, et Central-City.

La reconnaissance, par le gouvernement de l'Union, du nouveau territoire, impliquait pour les Indiens l'obligation de se soumettre aux lois fédérales, ou de l'abandonner.

Mais les Sioux, les Cheyennes et les Arrapahoes, les plus indomptables peut-être parmi les Autochtones du Grand-Ouest américain, n'avaient pu se résoudre à admettre de semblables prétentions.

Ils s'empressèrent de repousser les envahisseurs qui, en dépit de leurs efforts, improvisaient des villages, des usines ou des routes,

---

(1) Tout nouveau pays colonisé est d'abord admis dans l'Union comme Territoire, et plus tard comme État, quand sa population a atteint le chiffre de 100,000 habitants.

Exceptionnellement le Colorado a été reconnu comme État, en 1874, bien que sa population fût, à l'époque, inférieure à ce chiffre.

exploitaient les forêts, élevaient des troupeaux ou retiraient de la terre la houille et les métaux précieux.

Leurs premières tentatives ne furent pas heureuses. Séparés par les inimitiés séculaires qui divisent presque toujours les grandes familles de la race rouge, les Cheyennes, les Arrapahoes et les Sioux, opérant isolément, ne réussirent pas à vaincre l'indomptable ténacité des pionniers qui avançaient toujours.

Ces derniers, d'ailleurs, sachant tirer parti de tous les éléments, profitaient habilement des divisions de leurs ennemis et surent parfois les opposer fort à propos les uns aux autres.

Repoussés sur toute la ligne, décimés en détail, les Indiens finirent par où ils auraient dû commencer. Ils oublièrent leurs rancunes, enterrèrent la hache de guerre et se liguèrent contre l'ennemi commun.

Mais, il était trop tard.

Avant d'engager la lutte contre ceux dont ils avaient en mainte occasion éprouvé l'adresse et le courage, ils résolurent pourtant, tout en activant leurs préparatifs, d'essayer de s'entendre à l'amiable avec le représentant du pouvoir fédéral et d'obtenir quelques concessions.

Une députation de sachems fut envoyée, en

1863, pour traiter avec le gouverneur du Colorado et négocier les conditions, pourtant fort acceptables, d'un traité de paix. Il fut malheureusement impossible de rien conclure et la lutte reprit avec plus d'opiniâtreté que jamais.

Les Cheyennes, les Sioux et les Arrapahoes, instruits par l'expérience, se gardèrent bien de disséminer leurs forces et de combattre comme jadis à l'aventure.

Ils organisèrent en quelque sorte la dévastation et le massacre, s'attaquèrent de préférence aux personnes et aux demeures isolées, parcoururent avec une vélocité inouïe le territoire tout entier, apparaissant et disparaissant tout à coup avec une rapidité prodigieuse et demeurant presque toujours insaisissables, tant leurs mouvements étaient opérés avec mystère et précision.

Cette guerre de partisans leur réussit d'abord au delà de toute espérance. La route de Julesbourg à Denver devint absolument impraticable. La diligence, arrêtée chaque jour, interrompit son service. Toutes les fermes, tous les relais furent saccagés et brûlés, le bétail fut volé, on ne compta plus le nombre d'hommes scalpés, de femmes et d'enfants emmenés en captivité et soumis aux plus horribles traitements. Des convois d'émigrants furent massacrés. Des détachements de miliciens subirent le même sort, et les Peaux-Rouges, excités par ces succès jusqu'alors sans précédent, essayèrent même de prendre d'assaut le fort Sedgwick, où s'étaient réfugiés des troupes d'émigrants avec leur bétail. Le blockhaus, ainsi cerné par plusieurs milliers de guerriers de la Prairie, fit une énergique défense, et les assiégés ne purent briser les efforts furieux des assaillants que grâce à l'artillerie, qui les écrasa de mitraille.

Les pionniers du Colorado opposèrent à ces obstacles ce courage inébranlable, cette froide intrépidité qui sont le propre de la race américaine.

On était, à cette époque, en pleine guerre de Sécession.

Toutes les troupes disponibles se trouvant engagées dans cette lutte gigantesque, il était impossible d'obtenir le moindre secours des armées régulières, acharnées à cette guerre fratricide.

Les pionniers se constituèrent alors en corps francs, nommèrent des officiers, s'équipèrent et s'armèrent à leurs frais et formèrent des colonnes mobiles.

Rompus pour la plupart à la vie d'aventures,

connaissant admirablement les ressources du désert, cavaliers intrépides, chasseurs infatigables, endurcis à toutes les intempéries, ils devinrent en peu de temps aussi habiles à la guerre d'embuscade que leurs sauvages ennemis.

Possédant, en outre, avec un armement supérieur, quelques notions de tactique civilisée, ils surent compenser avantageusement par une discipline de fer, ce qui leur manquait au point de vue du nombre.

Ils poursuivirent à leur tour les Peaux-Rouges avec un sauvage acharnement, et les représailles qu'ils exercèrent en mainte circonstance, atteignirent au comble de l'horreur.

On rappelle, encore aujourd'hui, cet épouvantable massacre de Sand-Creek, provoqué par le colonel Chivington, commandant le troisième régiment des volontaires du Colorado, et qui peut rivaliser avec les plus féroces vengeances des Indiens.

C'était le 29 novembre 1864.

Grâce à une habile manœuvre, les Sioux, les Cheyennes et les Arrapahoes, au nombre d'environ six cents, en comptant les femmes et les enfants, avaient été cernés dans leur camp, par le régiment de volontaires comprenant environ douze cents hommes armés de carabines à répétition du système Spencer.

Les clairons allaient sonner la charge.

— Rappelez-vous vos femmes et vos enfants assassinés sur la Platte et l'Arkansas! avait crié le colonel aux volontaires frémissants d'impatience et de fureur.

Les soldats qui n'avaient pas besoin d'être excités, se ruèrent sur les Indiens avec une incroyable furie.

Ces derniers, surpris presque sans défense, arborèrent tout d'abord le drapeau blanc et demandèrent à parlementer.

Le colonel ne voulut rien entendre et commanda la charge.

Ce fut alors un égorgement sans nom, une tuerie indescriptible. Foudroyés à bout portant par les carabines Spencer, écrasés sous les pieds des chevaux, sabrés à la volée, les guerriers tombèrent pêle-mêle presque jusqu'au dernier, au milieu des femmes et des enfants dont la faiblesse ne put trouver grâce devant l'implacable vainqueur.

Mais, ce n'est pas tout. Ce massacre eut un épilogue que la plume se refuse à décrire. Tous les morts et tous les blessés furent scalpés sans pitié — scalpés par des blancs!... Les volontaires ouvrirent à coups de sabre le ventre des femmes, brisèrent contre les pierres la tête des enfants, coupèrent les doigts et les oreilles de ceux qui portaient des bijoux, et commirent cent atrocités indignes même de sauvages.

Cette « opération » ne coûta que cinq hommes aux volontaires, et cinq cents Indiens périrent, dont la moitié au moins de femmes et d'enfants. Les autres, grièvement blessés, furent abandonnés sur le champ de bataille, et c'est à peine si une vingtaine purent s'enfuir sains et saufs.

Chaudron-Noir, chef des Sioux, et Antilope-Blanche, chef des Cheyennes, avaient été grièvement blessés. Genou-Foulé, Un-Œil, ou Le Borgne, et Petit-Manteau, des guerriers célèbres, avaient été tués.

On se souvient comment le colonel Bill, après avoir vu licencier son contingent rouge de Criks et de Chérokis, lors de la bataille entre les troupes de Curtis et de Van Dorn, avait dû renoncer à son grade et à son uniforme.

Notre aventurier avait quitté l'armée et était venu chercher fortune au Colorado. Les circonstances en firent un volontaire. De simple soldat, il franchit rapidement les grades subalternes, et devint capitaine dans le régiment de Chivington.

C'est en cette qualité qu'il se trouva à Sand-Creek.

Il se battit avec acharnement, et se signala lors des atrocités qui suivirent le massacre.

Remettant au fourreau son sabre rouge de la pointe à la garde, il tira son bowie-knife, et se mit à scalper au hasard, les morts et les blessés qui se trouvaient sous sa main.

Il avait recueilli déjà une collection assez complète de chevelures, quand il avisa un Indien, un jeune sous-chef, blessé à la poitrine, légèrement peut-être, mais qui conservait une immobilité absolue.

Master Bill, lui empoigna délibérément les cheveux, traça d'une main exercée, avec son couteau, une ligne circulaire autour du crâne du malheureux, puis sentant qu'il tressaillait sous la morsure du fer, il se mit, par un horrible raffinement de cruauté, à disséquer, ou plutôt, à hacher lentement le cuir chevelu.

L'Indien, sans doute évanoui, ne proféra pas une plainte !

— Encore un qui risquera fort de s'enrhumer s'il en revient, dit-il en ricanant.

Puis, il passa froidement à un autre.

Mais, alors, à sa profonde stupeur, le scalpé, dressant sa tête hideusement mutilée, sauta d'un bond sur ses pieds, puis, avisant un cheval sans cavalier qui passait à sa portée, s'élança sur lui.

— Je ne m'appelle plus l'Aigle-Noir, s'écria-t-il dans son langage guttural... je suis le Crâne-Sanglant.

« Scalpeur-Blanc, retiens bien ce nom... jusqu'au jour où ta chevelure remplacera sur ma tête, celle que tu viens d'enlever...

Le bourreau, un moment interdit, porta la main à son revolver, mais l'arme était déchargée.

Quant à l'Indien, l'élan qu'il sut imprimer à sa monture le mit bientôt hors d'atteinte.

L'égorgement et les mutilations qui suivirent ayant pris fin, le colonel Chivington célébra partout sa victoire, et s'en alla répétant qu'il avait tué plus de *cinq cents guerriers Indiens!*

Il espérait, pour ce haut fait, recevoir le grade de général, et passer d'emblée dans l'armée régulière.

Disons à l'honneur du gouvernement fédéral, qu'il fut destitué après une solennelle et minutieuse enquête, et que rentré dans la vie privée, il ne conserva de cet exploit que la gloire fort problématique d'y attacher son nom.

En effet, le *massacre de Sand-Creek* n'est pas

encore aujourd'hui oublié au Colorado, et on lui donne indifféremment le nom de *Chivington-Massacre*.

Après cette affreuse boucherie, les Indiens devinrent encore, s'il est possible, plus acharnés contre les blancs.

Dès le mois de janvier 1865, les fermes et les stations au Nord du Colorado étaient pillées, incendiées, et les plus sauvages représailles exercées contre les colons. Les Arrapahoes et les Cheyennes s'unirent aux tribus jusqu'alors rivales des Kayaways, des Comanches et des Apaches et recommencèrent, contre les blancs, une guerre sans pitié.

Les Sioux étaient remontés vers le Nord et se tenaient tranquilles, en apparence, bien qu'un jeune chef de leur famille fût l'âme de la nouvelle coalition.

Il répondait au nom significatif de Crâne-Sanglant.

On racontait de lui des choses terribles, et son implacable férocité étonnait jusqu'à ses congénères eux-mêmes.

La tête invariablement couverte d'un bonnet en peau de racoon, il montait toujours un cheval pie à demi sauvage, et qui, circonstance assez singulière pour la monture d'un Indien, marchait à l'amble.

Crâne-Sanglant, disait-on, avait été scalpé par un blanc, et les suites de cette atroce mutilation lui avaient fait contracter d'épouvantables douleurs de tête encore augmentées par l'allure habituelle très dure, au trot comme au galop, des chevaux de la Prairie.

De là cette préférence accordée à une monture d'allure plus douce.

Tout en vouant indistinctement une haine implacable aux représentants de la race blanche, Crâne-Sanglant poursuivait une vengeance particulière dont nous connaissons le motif.

Il voulait retrouver celui qui l'avait scalpé, lui faire subir la peine du talion, en lui prenant sa chevelure, sans préjudice des tortures qu'il se proposait de lui infliger en temps et lieu.

Ils se rencontrèrent plusieurs fois face à face, pendant cette lutte qui dura jusqu'en 1867; mais, en dépit de leurs mutuels efforts, ne purent jamais s'aborder corps à corps.

Blessés chacun leur tour, animés tous deux d'une haine féroce, sentant qu'il fallait en finir, il leur fut impossible, malgré leur acharnement, d'arriver à triompher l'un de l'autre.

Le traité de paix solennellement signé dans le Kansas, vers la mi-octobre 1867, par les commissaires de l'Union avec les cinq grandes nations du Sud, leur donna quelques années de trêve.

Les volontaires du Colorado ayant été licenciés, Mr. Bill fut rendu aux douceurs de la vie privée et reprit son ancien titre de colonel.

Crâne-Sanglant, qui avait disparu, était retourné, disait-on, chez les Sioux, chargé de gloire et de chevelures pour lesquelles il eût certainement troqué la tignasse rude et sèche qui, en dépit de ses efforts les plus énergiques, végétait encore sur le crâne du colonel.

Ce dernier, tout en ayant réussi à sauvegarder ce précieux appendice, n'était pas toujours tranquille. En effet, son existence vagabonde le mettait parfois sur la piste du damné cheval pie marchant l'amble, et il se disait, non sans raison, que si les belligérants avaient désarmé, il se trouvait toujours, lui, Bill, en état d'hostilité permanente avec la victime de Chivington-Massacre.

Pendant neuf ans, ces irréconciliables ennemis se rencontrèrent à des intervalles plus ou moins longs, se dressèrent force embuscades, échangèrent de nombreux coups de carabine, mais demeurèrent toujours et quand même invulnérables l'un à l'autre.

C'étaient de rudes adversaires, et il était jusqu'alors impossible de prévoir qui du Blanc ou du Peau-Rouge l'emporterait.

En 1876, il y eut une nouvelle prise d'armes. Ce furent les Sioux qui recommencèrent les hostilités contre les colons Américains.

Comme on n'avait pu réussir à s'entendre relativement à la cession par les Indiens, au gouvernement fédéral, des Black-Hills (1), on se reprit à scalper et à fusiller comme jadis avec le même acharnement.

Naturellement, le colonel Bill et Crâne-Sanglant furent au nombre des belligérants.

Bien qu'il eût toujours vécu, du moins en apparence, en dehors de l'organisation politique des tribus, en compagnie de ces irréguliers appelés *Renegade-Indians*, Crâne-Sanglant jouissait parmi les siens d'un réel prestige.

C'est au point que le fameux Sitting-Bull, le grand chef des Ogalas, qui appela aux armes toute la confédération des Sioux — environ sept

(1) Massif de montagnes des territoires de Dakotah et de Wyoming (région centrale des États-Unis) situé au Sud de la grande courbure du Missouri, entre les sources du Petit-Missouri et de la Platte du Nord.

mille guerriers bien armés, — le prit pour lieutenant.

Les Américains, ainsi que nous l'avons dit précédemment, étaient commandés par le général Custer et le colonel Crook.

Avec l'habileté d'un manœuvrier consommé, Sitting-Bull sut attirer le corps principal des troupes fédérales — environ mille hommes — dans une étroite vallée, à White-Mountain, près de la petite ville de Bismarck, et les massacra presque jusqu'au dernier.

. Nous rappellerons que le chef Sioux se fit apporter, après le combat, les corps de Crook et de Custer, ouvrit leur poitrine avec son couteau, en tira le cœur et le mangea devant ses hommes.

C'était assez complet comme représailles de Chivington-Massacre.

Comme toujours, Crâne-Sanglant et le colonel Bill se trouvèrent face à face.

L'Indien croyait bien, pour cette fois, posséder sa vengeance, et master Bill, en voyant tomber autour de lui ses compagnons abattus par les balles, dut s'avouer que son scalp ne tenait plus qu'à un fil.

Il n'en fut rien.

Crâne-Sanglant s'étant avancé impudemment

à la rencontre du colonel, celui-ci lui logea fort proprement une balle de revolver dans l'épaule et le renversa de cheval. Enserré de tous côtés par les Sioux, qui ne lui laissèrent pas le temps d'achever son ennemi, il empoigna délibérément la crinière du mustang — le cheval pis légendaire que depuis dix ans son maître remplaçait quand le titulaire venait à manquer — se hissa en selle par un joli temps de voltige et s'éloigna à fond de train.

Il se croyait déjà en sûreté quand une balle perdue lui cassa le bras gauche.

Pour la dixième fois au moins, les deux ennemis se trouvaient manche à manche.

Ils ne s'étaient pour ainsi dire pas revus jusqu'en 1880, et le colonel commençait à se croire débarrassé de l'enragé Peau-Rouge, quand il fut si lestement enlevé lors de la grande chasse aux bisons et mis si désagréablement en sa présence, ainsi que nous l'avons vu à la fin du chapitre précédent.

CHAPITRE XIII

Les Indiens derrière le masque. — Lugubres pressentiments du colonel. — Friquet a faim. — Comment le Gamin de Paris fait la conquête d'un vieux sauvage. — Les affaires du cow-boy semblent se gâter de plus en plus. — Conséquences d'un saut périlleux. — Boniment. — Appel aux gymnastes. — Le saut des chevaux. — Victoire de Friquet. — Formidable poignée de main. — Pourquoi Friquet est gratifié du pseudonyme de Bras-de-Fer. — Nouvelles appréhensions. — On ne gagne rien avec les Peaux-Rouges.

Les Indiens de l'Amérique du Nord que l'on se figure volontiers comme étant des hommes habituellement graves, taciturnes même, ayant un langage imagé, aux formes ampoulées, sont au contraire très gais, très familiers et s'expriment d'une façon qui n'a rien de majestueux.

Cette gravité toute superficielle, cette taciturnité d'emprunt, cette solennité de langage qui abonde en métaphores et non des moins audacieuses, sont seulement de mise aux assemblées ou conseils, et pendant les entrevues avec les blancs ou avec des tribus étrangères.

Dans son village, aux haltes de chasse, aux étapes de la route, le Peau-Rouge rit volontiers, chante, joue, danse, plaisante avec ses enfants, les amuse, ceux du moins du sexe masculin, et ne dédaigne pas de se mêler à leurs divertissements.

C'est même là une des particularités de son caractère excessif en tout, qui se complaît dans les contrastes les plus absolus, et passe, sans transition aucune, de la gaîté la plus exubérante à la plus implacable férocité.

Aussi, les deux Français connaissant seulement les Indiens par les relations plus ou moins exactes de voyageurs qui ne les avaient étudiés que superficiellement, furent-ils tout étonnés de voir tomber soudain le masque d'apparente gravité posé sur leurs traits, pendant la dramatique entrevue du cow-boy et de son ennemi.

Nul ne semble plus s'occuper d'eux pendant la halte consacrée à une rapide mais substantielle restauration. Chacun causait, riait, bavardait à l'envi; les gais propos circulaient de tous côtés, sans interrompre pourtant l'ingestion d'énormes morceaux de bison, absorbés avec une véritable voracité.

Il n'est pas jusqu'à ce personnage portant le lugubre surnom de Crâne-Sanglant qui ne se mit de la partie, et n'assaisonnât ses phrases de plaisanteries sans doute fortement épicées, car on le laissait dire volontiers, et ses auditeurs témoignaient par des éclats de rire retentissants du plaisir qu'ils éprouvaient à l'entendre.

Si Friquet et André, bien que solidement garrottés, se laissaient aller à la surprise causée par ce brusque changement dans les manières de leurs ravisseurs, la physionomie de l'Américain devenait de plus en plus sombre, en entendant ces paroles dont il comprenait l'effroyable signification.

— Eh bien! colonel, lui dit à voix basse Friquet, pour des gens experts en tortures, il me semble que ces particuliers-là ne sont pas ennemis d'une folle gaîté.

« On ne saurait, à mon avis, être bien féroce, quand on se déralingue la rate d'une façon aussi complète.

« Peut-être y aurait-il moyen de s'arranger avec eux.

« Qu'en pensez-vous ?

— Je pense, master Friquet, répondit avec effort le colonel, que le mieux portant d'entre nous est bien malade.

« Et si vous entendiez comme moi ce qu'ils disent, vous sauriez qu'ils rient comme les tigres... si parfois le rictus d'un tigre est un sourire !

— Diable !... c'est donc sérieux ?

— Pouvez-vous en douter !

« Les vermines s'amusent en ce moment à deviser sur les raffinements des tortures qu'ils doivent nous faire subir et comme c'est horrible à faire blanchir les cheveux, ils rient...

« Vous êtes braves, messieurs, je vous ai vu à l'œuvre. Vous savez, d'autre part, que je ne suis guère facile à émouvoir, eh bien ! je ne crains pas de vous l'avouer, en ce moment, j'ai peur !...

« Oh ! ce n'est pas la peur lâche de l'homme qui voit arriver la fin de sa vie, la suppression du mouvement, l'abolition de la pensée, la mort enfin, qui est l'implacable nécessité de tout ce qui vit... Non, certes, je n'appréhende pas la mort.

« Mais tout ce qu'il y a d'humain en moi se révolte, à la pensée des épouvantables souffrances que je vais endurer, des raffinements que la férocité la plus ingénieuse peut suggérer à ces tortionnaires de génie.

— Le fait est que cette perspective n'a rien de folâtre.

— Si j'avais les mains libres et un bon couteau, je me le planterais hardiment en plein cœur.

« Si par hasard — ce que je ne crois pas — mon bras tremblait, je vous dirai : Rendez-moi ce dernier service, je vous le demande en grâce, tuez-moi !

— Alors, tout est perdu, et nous sommes... fichus.

— Ce ne sera pas pour aujourd'hui, car, ils ne nous donnent pas à manger.

— Tiens ! c'est vrai...

« Il commence à faire rudement faim, dans ce pays-cite, comme disent nos amis les Cœurs-d'Alène.

« Mais, à propos, est-ce qu'ils ne pourront pas prendre notre piste et venir canarder en grand ces vilains particuliers ?

— Je n'ose l'espérer !

— Eh ! sacrebleu, j'y compte bien, moi..

« Savez-vous qu'une centaine ou deux de lurons surgissant ici, à l'improviste, avec les nommés Winchester, pourraient singulièrement modifier la face des événements.

— Ils ne vont pas les attendre.

« Ou je me trompe fort, ou nous allons bientôt repartir.

« Leur tribu doit être campée à plusieurs jours de marche, et ils nous emmèneront, je n'en doute pas, jusqu'à leur principal village, pour nous donner en spectacle aux femmes et aux enfants.

« Nous serons alors pendant une semaine au moins, abondamment nourris, afin de mieux supporter le supplice, et pour ne pas succomber dès le début.

— Merci du renseignement, colonel.

« Quelques jours de répit, c'est peut-être le salut.

« Moi, j'ai faim et je vais demander à manger.

« Qu'en dites-vous, m'sieu André?

— Je suis de ton avis et par tous les diables qui me tiraillent l'estomac, je veux aussi essayer d'obtenir un morceau de venaison.

— Eh! dites donc, s'écria Friquet dans son anglais de fantaisie, est-ce qu'il n'y aurait pas moyen de se mettre quelque chose sous la dent?

Pas de réponse.

— Eh ben!... quoi, vous me regardez comme un troupeau d'oies qui entendraient jouer du trombone...

« C'est clair, pourtant... nous avons faim,

donnez-nous à manger... Dans tous les pays du monde on donne à manger aux prisonniers.

Nul ne sourcilla et ne parut avoir compris.

— Sauvages! va, grommela Friquet.

A ce mot, prononcé en français, un vieil Indien couvert d'oripeaux à demi européens, se leva brusquement et vint près du petit groupe.

— Sauvages? dit-il de sa voix gutturale, avec une nuance d'étonnement.

— Oui, reprit en français le jeune homme, je dis et je répète, sauvages!...

« C'est déjà pas assez de nous ligotter comme du bétail, il faut encore nous faire crever de faim.

— Faim... non, pas faim... manger, reprit le Peau-Rouge.

— Tiens!... qu'est-ce qu'il a donc, l'Iroquois, il baragouine quelques mots de notre langue.

— Françâ?... vous... Françâ?... fit-il plus étonné encore.

— J't'écoute, que nous sommes Français, et de Paris, encore, ma vieille pomme d'acajou.

— Moi, connu... le père...?

— Le père... qui?

— Smet.

— Tu as connu le Père de Smet, le missionnaire? s'écria André avec vivacité.

Friquet exécuta un superbe saut périlleux. (Page 235.)

— Oui... Smet... le Père des Sioux-Dakotah.

— Eh bien! mon vieux colon, interrompit Friquet, ce ne doit pas être lui qui vous a enseigné des façons aussi... familières avec le prochain.

« Mais, nous causerons plus tard.

« Demande donc à tes copains une bonne tranche de rosbif, et fais-nous délier s. v. p., nous commençons à être pas mal engourdis.

Le vieillard se retira vivement, se rendit près du groupe au milieu duquel pérorait Crâne-Sanglant, et prononça une longue phrase patoisée dans son langage guttural.

Il y eut quelques répliques, puis de violentes récriminations formulées par l'Indien à la tête mutilée.

Le vieillard tint bon et sut rallier à son opinion plusieurs guerriers, car il revint après environ un quart d'heure, portant un monumental morceau de venaison qu'il déposa devant les trois compagnons.

— A la bonne heure, voilà qui est bien.

« Merci, papa.

« Maintenant, un tout petit coup de couteau sur les ficelles qui amarrent les quatre pattes à ce pauvre Friquet.

Le bonhomme parut hésiter un moment et fit ce que lui demandait le jeune homme.

— Bravo! l'ancien.

« Au tour de m'sieu André, à présent.

« M'sieu André, c'est ce bel homme à barbe noire qui ne dit rien, mais n'en pense pas moins.

« Parfait; vous êtes bon comme du pain de fantaisie.

« Maintenant, faut en faire autant à celui-là, continua-t-il en montrant l'Américain stupéfait.

— Non!, répondit brusquement le vieillard.

— Pourquoi?

— Non!... Non!... Non!... fit-il avec un accent de haine indescriptible.

« Pas Françâ!... Long-Couteau (1).

— Qué qu'ça fait?

— Non! termina péremptoirement le vieillard en approchant des lèvres du cow-boy un morceau de viande piquée à la pointe de son couteau.

— Alors, vous voulez lui donner la béquée?

« C'est toujours ça... Mais j'aurais préféré le voir libre.

— Non!

— Faut pas vous fâcher, papa.

« Vous n'avez pas peur que nous essayions

de nous enfuir, car nous sommes à pied et il serait difficile d'échapper à vos copains, d'autant plus qu'ils ont chacun à portée de la main leur carabine tout armée.

« Suffit. On va seulement se dégourdir un peu.

Friquet, à ces mots, se mit à s'étirer voluptueusement, fit craquer ses articulations, puis, saisi tout à coup d'une fantaisie au moins bizarre, étant donnée la circonstance, opéra d'avant en arrière un superbe saut périlleux.

Les Indiens, stupéfaits, s'arrêtent de manger et se mettent à rire bruyamment.

— Tiens! paraît que ça les amuse.

« Et moi donc!

« Eh ben! allons-y.

A ces mots, notre enragé pousse ce petit cri grêle et joyeux bien connu des gymnastes de profession, et particulier aux clowns quand ils commencent leurs exercices.

Il continue par un saut périlleux en avant, exécute aussitôt un saut indien de côté, cabriole cinq ou six tours en arrière, s'arrête, se tasse en boule, s'allonge, bondit, roule, marche sur les mains, les jambes repliées en arrière au-dessus de la nuque, se tient en équilibre la tête en bas, attrape un morceau de viande, l'absorbe dans cette posture invraisemblable, se remet sur ses pieds d'un seul coup de reins, et termine par un grand écart absolument renversant.

Les Peaux-Rouges, admirateurs passionnés de tous les exercices du corps, stupéfaits de voir un blanc exécuter, comme en se jouant, ces tours d'adresse et de force combinés interdits même aux plus agiles d'entre eux, en oublient pour un instant de manger.

Un murmure approbateur accompagne ces prouesses de l'intrépide gymnaste qui, du coup, vient de grandir de cent pieds dans leur esprit.

— Voilà, reprit Friquet de son air gouailleur, ce que c'est que d'avoir eu une éducation soignée.

« Mais, c'est pas tout.

« J'en ai encore bien d'autres dans mon sac.

« Voyez, mesdames et messieurs, si quelqu'un dans l'honorable société veut se présenter pour faire une partie de boxe anglaise ou française, de pointe, ou de contre-pointe, de canne ou de bâton, de voltige ou de lutte à main plate, je suis prêt à lui jeter le gant ou le caleçon?...

« Voyez, messieurs, à qui le tour?

« Comment, y a personne d'assez luron ou d'assez désossé pour relever mon défi?

André, franchement amusé par ces saillies,

riait de tout son cœur, et les Indiens eux-mêmes avaient quitté leur air rébarbatif.

— Personne ne dit mot?

« Voyons, je ne suis pourtant ni en carton-pâte, ni en caoutchouc durci, ni en fil de fer, ni en boyau de chat aggloméré, mais en chair et en os, comme tous les bimanes à peau blanche, noire, jaune, rouge, et autres humains généralement quelconques, y compris les mokos et les auvergnats qui habitent notre monde sublunaire.

« Vous n'avez donc seulement pas ici un professeur de chausson!

« Vous me regardez d'un air de plus en plus ébaubi!...

« Y a-t-il quéqu'un capable seulement de sauter sans tremplin par-dessus deux ou trois chevaux rangés côte à côte?

Avisant alors sans plus de façon les chevaux qui paissaient entravés non loin des groupes, il en prend un par la bride et essaye de l'amener au milieu du terrain découvert sur lequel s'épanouit un gazon épais et court.

L'animal, effrayé à l'aspect du blanc, se met à renâcler et à se dresser sur les pieds de derrière.

Les Indiens, croyant à une tentative d'évasion, se lèvent tumultueusement et entourent le jeune homme d'un air menaçant.

Il se tourne alors vers le vieillard, qui comprend le français, et lui explique ce qu'il veut faire.

Le bonhomme, qui semble s'être pris pour le Parisien d'une subite tendresse, écoute complaisamment les paroles de celui-ci, et témoigne par une pantomime assez animée qu'il en saisit la signification.

Il prend lui-même la bride du cheval, le calme par un brusque sifflement et fait signe à un jeune guerrier de venir le tenir.

— Sauter par-dessus un seul dada, reprend Friquet, c'est de l'enfantillage, et il n'est pas besoin d'être bien malin pour cela.

« Pas vrai, m'sieu André ?

— Eh ! mon cher, ce n'est pourtant pas à la portée de tout le monde.

— Bah ! j'espère bien faire mieux, si je n'ai pas les articulations rouillées.

« Et comme il faut absolument leur donner une haute idée de nos mérites, je vais leur vider le fond de mon sac.

On amène un second, puis un troisième cheval qui sont rangés côte à côte.

— Allons, demande Friquet, à qui le tour ?

Sollicité par ses compagnons, un jeune Indien, de haute taille, musclé comme un gladiateur antique, au profil de vieille médaille romaine, s'avance gravement.

Il ôte sans façon le pantalon en cuir dans lequel disparaissent ses jambes, retire sa blouse de chasse en peau de bison, puis ses mocassins, et se recule pour prendre de l'élan.

— Eh! eh! reprend Friquet d'un air connaisseur, le gaillard a du style.

« Mais, quelle drôle d'idée de faire ses acrobaties vêtu seulement de sa pudeur et d'un rayon de soleil.

« Ah! bravo, camarade.

L'Indien s'est élancé. Il a parcouru en quelques secondes la faible distance qui le sépare des chevaux, a poussé un cri strident et les a franchis d'un seul bond accompli avec une incomparable légèreté.

Les guerriers poussent de longs hurlements de joie et semblent dauber sur le compte de Friquet, dont la petite figure pâlotte arrive à peine à l'épaule de son athlétique concurrent.

— C'est ça... blaguez à votre aise.

« Riez comme des phoques... rira bien qui rira le dernier.

« Allons, amenez-moi trois autres chevaux.

« Vous entendez, papa, sans vous commander.

— Trois? demande le vieillard.

— Ben oui, trois.

« Avec ceux qui sont là, cela fera six.

— Ah!... Ah!...

— Quoi? ça vous étonne.

« Mais, chez nous, les hommes, les femmes, les enfants à la mamelle, tout le monde est capable de faire ce saut sans tremplin.

Trois chevaux sont rangés côte à côte avec les premiers, et Friquet, en beau joueur, laisse encore un certain intervalle entre leurs flancs.

Les Indiens, absolument « empoignés », interrompent leur repas et ne prononcent plus un mot, tant leur attention est surexcitée.

Friquet se recule à son tour, retire posément ses lourdes bottes en cuir fauve et ajoute :

— Voilà des godillots qui ne sont pas d'ordonnance.

« Rien de plus facile que de courir en chaussettes sur ce gazon... un vrai velours!

« Une!... deux!... trois!...

Il s'élance à petits pas pressés, et jaillit soudain comme poussé par un ressort. On dirait un éclair.

Les guerriers stupéfaits l'aperçoivent un

instant au-dessus des échines luisantes des mustangs, et ne peuvent retenir un cri d'enthousiasme, en le voyant retomber légèrement de l'autre côté de la barrière vivante.

—Peuh! c'est rien que ça, et je crois de bonne foi qu'on aurait encore pu en ajouter une paire.

« Je vais d'ailleurs savoir ce qu'en pense le camarade.

« Eh ben! dit-il gaiement au jeune homme stupéfait et un peu honteux, à votre tour.

Mais, l'autre appréhendant une défaite, d'autant plus humiliante qu'elle serait infligée par un blanc, secoue négativement la tête.

— Alors, vous voilà collé.

« Sans rancune, hein! dit-il en lui tendant la main.

L'Indien, ainsi sollicité, allonge la main et la pose dans celle de Friquet.

Tout à coup, son visage indique une vive surprise, puis ses traits expriment une singulière anxiété. Bientôt, ses sourcils se froncent, sa bouche s'entr'ouvre, il se tord brusquement et se plie en deux, comme si sa main se trouvait prise entre les mâchoires de fer d'un étau.

Un cri étranglé lui échappe.

— Ahou!...

— Ahou, quoi? reprend Friquet en lâchant les

cinq doigts qui demeurent collés et complètement exsangues.

« C'est ce qu'on appelle une poignée de main sympathique.

« Chez nous, on en échange journellement de pareilles.

« Demandez plutôt à m'sieu André.

Mais le jeune homme en proie à une sorte de terreur superstitieuse, ose à peine, en décollant ses doigts, lever les yeux sur ce redoutable adversaire.

Il s'éclipse en fin de compte, tout honteux, en murmurant un mot que ses compagnons, non moins stupéfaits, répètent à demi-voix.

Alors Friquet, se tournant vers l'Américain, lui dit :

— Eh! colonel, qu'est-ce que ça veut donc dire, ce mot baroque dont je ne puis même pas accrocher les syllabes.

— Ils vous appellent : *Bras-de-Fer*, et je crois que ce nom est bien mérité.

« By God! quelle poigne, master Friquet.

« Je vois que vous avez fait leur conquête, et votre vigueur incomparable vous aura au moins servi à quelque chose.

— Pensez-vous qu'ils nous rendront la liberté?

— Eh! comme vous y allez!

« Vous aurez gagné d'éviter le poteau de tortures, et d'être mis à mort sans souffrance.

« C'est déjà quelque chose !

— Merci, vous êtes bien bon.

« Mais, pour moi, je trouve que ce n'est pas assez.

« Comme je leur réserve, ou plutôt comme nous leur réservons encore quelques surprises, j'ai idée que nous pourrons nous tirer d'ici les grègues nettes.

— Je voudrais partager votre confiance, mais, croyez-moi, master Friquet, ne vous laissez aller à aucune illusion.

« Le réveil, voyez-vous, serait terrible.

« Dans tous les cas, n'oubliez pas, si faire se peut, de me procurer un couteau.

« Je vous le répète, je veux bien mourir, mais non être torturé.

CHAPITRE XIV

Considération des Indiens pour la vigueur et l'agilité du corps. — Friquet ne veut pas bénéficier de la situation si André n'est pas traité comme lui. — En route vers le Nord, puis vers l'Est. — Nouveau campement. — Le chien indien et son maître. — Loges ou wigwams. — Réception peu hospitalière. — Comment Crâne-Sanglant fait cesser les syncopes. — Sous la hutte du chef. — Friquet dit Bras-de-Fer apprend qu'il est un grand guerrier. — Projets d'évasion. — Comment Crâne-Sanglant a pu opérer la capture des trois compagnons.

Une partie des prévisions de l'Américain se réalisa bientôt, du moins en ce qui touchait les deux Français.

Aussitôt la joute courtoise terminée, comme l'on sait, à l'avantage de Friquet, le chef de la troupe sauvage donna le signal du départ.

Master Bill, fut sans la moindre façon, réinstallé jambes de ci, tête de là, sur le garrot d'un cheval et recommença, toujours étroitement amarré, sa douloureuse chevauchée.

Le Parisien qui s'attendait, et bien à contre-cœur, à subir le même traitement, fut agréablement surpris, quand il vit qu'on lui amena un vigoureux cheval tout bridé et tout sellé, et qu'on le fit monter dessus dans la position normale du cavalier.

Seulement, son nouvel ami, le vieux Peau-Rouge, s'en vint en plénipotentiaire lui annoncer, moitié par signes, moitié en patois franco-indien que si, en considération de ses mérites personnels, on consentait à le traiter en guerrier, il devait se soumettre à une mesure de prudence consistant à se laisser attacher les mains devant la poitrine.

— Dame! répondit le jeune homme, si y a pas moyen de faire autrement, je suis bien forcé d'en passer par là.

« Mais, si le dada fait des siennes, comment le diriger?

— Qu'à cela ne tienne, dit en substance le bonhomme, un guerrier conduira l'animal par la bride.

Le Parisien, forcé de faire contre fortune bon cœur, se laissa attacher et se hissa en selle aidé de son obligeant auxiliaire.

— Bah! murmura-t-il philosophiquement, c'est toujours autant de gagné.

« Nous verrons plus tard à nous débrouiller et à améliorer la situation au moment du « coup dur ».

— Ah! mais, minute!...

« Pas de ça!...

« M'sieu André sera traité comme moi, ou je demande à être de nouveau ligotté par les pieds et par les pattes.

Puis, comme les guerriers ne font pas mine de comprendre ses paroles, voilà notre enragé qui, d'un effort surhumain, rompt comme de simples ficelles les courroies en peau de bison qui enserrent ses poignets, s'élance à terre, arrache le couteau à scalper passé au mollet d'un Indien, dans la bride d'attache du mocassin, et tranche en un clin d'œil les liens qui enserrent les jambes de son ami.

Chacun s'arrête, interdit, tant l'acte du jeune homme a été rapide.

Celui-ci, sans perdre son sang-froid, prend le couteau par la pointe, le rend à son propriétaire en lui disant d'un air aimable :

— Tenez, mon garçon, voici votre Eustache.

« Je n'ai nullement l'intention d'en faire mauvais usage.

« Je veux seulement vous faire observer que m'sieu André, ici présent, en valant au moins une demi-douzaine comme moi, tant au moral qu'au physique, je ne veux pas être seul à bénéficier d'une exception dont il est digne à tous égards.

« Voilà !...

« C'est compris, hein ?

De nouveau les Indiens s'agitent et pérorent à perte de vue, et ne semblent pas devoir se mettre en mesure d'obéir à l'injonction du Parisien.

— C'est pourtant à prendre ou à laisser, reprend celui-ci.

« Ou je serai réintégré comme un sac de farine sur mon cheval, ou m'sieu André sera comme moi en liberté relative, ou plutôt dans la position d'un homme qui a droit à des égards.

« Oui !... oui !... je sais bien, vous allez m'objecter qu'il n'a pas fait les acrobaties auxquelles je me suis livré ; mais, comme je vous ai donné bonne mesure, ça comptera pour deux.

« Sinon, rien de fait.

« Vous pourrez, d'ailleurs, à la prochaine halte, le mettre à même de vous montrer ses talents.

« Si vous voulez seulement lui mettre entre les mains une carabine à peu près juste, vous verrez comme il vous mouchera proprement une chandelle à cent mètres.

« Si ça ne vous suffit pas, il vous fera sentir sa poigne en vous écrabouillant les doigts mieux que je ne saurais le faire, et vous apprendre que ses biceps ne sont pas en flanelle, en vous mettant à bras tendu comme de simples haltères de vingt kilos.

« Si enfin tout ça ne vous contente pas, c'est que vous serez bien difficiles.

« J'ai dit.

Bien que nul n'eût saisi le fond de cette harangue débitée tout d'une haleine, les Indiens comprirent vaguement que le jeune homme voulait que son ami fût soumis au même traitement que lui, et leur considération s'en accrut d'autant.

Comme, d'autre part, toute tentative d'évasion leur semblait impossible, ils acquiescèrent sans trop hésiter à son désir, consentirent à donner un cheval à André et à lui laisser le libre usage de ses jambes.

Seulement, les liens qui attachaient les poignets de ces rudes compagnons furent doublés.

La troupe se mit enfin en marche après ces multiples incidents qui avaient à peine retardé le départ d'une demi-heure.

Les Indiens avaient jusqu'alors remonté vers le Nord, en suivant la ligne du 117° de longitude

Ouest du méridien de Greenwich. Ils se trouvaient sur le territoire des Pendants-d'Oreilles, près de deux petits lacs nommés Tesemen-Lakes, et situés au centre d'un vaste plateau encaissé de tous côtés par des contreforts détachés de la chaîne principale des Montagnes Rocheuses.

Ils obliquèrent alors vers l'Est, comme s'ils avaient voulu gagner le récif montagneux au haut duquel s'étend le lac Kalispelm ou Pendant-d'Oreille, à une altitude de 2,093 mètres.

Après avoir marché pendant le reste de la journée, ainsi que pendant la nuit tout entière, ils se trouvent au point du jour sur une dépression de terrain au milieu de laquelle s'élèvent, dans un désordre pittoresque, de nombreuses huttes en peau de bison.

Une série de hurlements furieux se font entendre aussitôt, et une troupe nombreuse de chiens, d'aspect peu rassurant, se précipite vers les nouveaux arrivants.

Ces légendaires amis de l'homme, fort sobres de caresses envers leurs maîtres, montrent en revanche aux prisonniers des crocs menaçants que Friquet compare, d'une façon non moins exacte que réaliste, à de superbes gousses d'ail.

Cette froideur du chien indien pour son maître

a-t-elle pour origine les mauvais traitements que celui-ci lui inflige avec cette brutalité dont il est coutumier à l'égard du cheval et... de la femme? N'est-elle pas plutôt motivée par la connaissance des fins dernières auxquelles se sent réservé le toutou indien, à savoir, qu'en cas de disette il sera incontinent transformé, de gardien vigilant, en comestible plus ou moins appétissant? C'est ce que les moralistes n'ont pas encore eu le loisir de décider.

Toujours est-il que les sentiments réciproques des Peaux-Rouges et de leurs chiens sont loin d'être comparables à ceux que nous autres, Européens, gens et bêtes, professons à l'égard les uns des autres.

Cette symphonie matinale non moins que discordante, a pour résultat immédiat d'arracher à leur couche les membres du clan encore ensommeillés.

La construction de la hutte indienne, fort sommaire, en vérité, mérite une courte description. La hutte, ou *loge*, appelée aussi *wigwam* par les classiques, se compose invariablement d'une vingtaine de perches effilées, piquées circulairement en biais dans le sol, par leur base, et enchevêtrées par leur sommet. La longueur totale de ces perches, dont l'agencement figure assez bien la carcasse d'une ruche conique, atteint environ cinq à six mètres. Sur cette carcasse, sont appliquées extérieurement des peaux de bison ou des toiles cousues. Le sommet reste ouvert pour livrer passage à la fumée.

Un des côtés est pourvu d'une ouverture par laquelle on ne peut guère pénétrer qu'en rampant. Devant ce trou, se trouve accroché par des clous, des lanières ou une simple couture, une peau de castor ou un lambeau de toile formant portière et habituellement rabattu. C'est la porte.

Au milieu de ce retiro inhabitable pour qui n'y est pas accoutumé, est toujours allumé un feu et autour de ce feu les ustensiles, parfaitement sales d'ailleurs, servant à faire la cuisine. Ce sont généralement des chaudrons et des marmites de cuivre, gisant épars dans un désordre pittoresque dont la vue ferait pousser les hauts cris à nos ménagères.

L'ameublement est formé de robes de bisons servant de couvertures, ainsi que de matelas, et rangées de façon à rayonner de la circonférence au centre occupé par le foyer et la batterie de cuisine.

Les vêtements, composés de chemises et de blouses de peau ou de cotonnade, de pantalons rigoureusement « scalpés », c'est-à-dire privés de leurs fonds, sont accrochés aux perches et pendent avec un lamentable aspect de friperie, mêlés à des quartiers de bison cru, desséché au soleil, fumé ou étiré en lanières comme le *tasajo* mexicain. Ajoutons pour mémoire, des caisses en bois grossièrement enluminées, des sacs en cuir bizarrement brodés dans lesquels on serre les objets précieux, et l'on aura une idée exacte du pandémonium invraisemblable et superlativement odorant où gîtent, reposent et mangent une demi-douzaine d'Indiens.

De tous côtés, les portières mobiles des huttes se soulèvent, et les prisonniers aperçoivent par l'entre-bâillement, des faces de brique, aux yeux noirs qui les inventorient curieusement, sans mot dire, pendant que de hideux masques de mégères se contractent affreusement, et que d'horribles bouches édentées laissent échapper des glapissements aigus, dominant parfois les clameurs des chiens.

Bientôt, les enfants plus agiles, se glissent en frétillant par les ouvertures mieux appropriées à leur taille, puis les femmes que la haine des blancs rend absolument enragées, puis enfin les hommes plus graves, et qui, devant des étrangers, considéreraient comme une faiblesse indigne de laisser apercevoir la moindre émotion.

Bien que leurs chevaux soient complètement harassés, les guerriers ne peuvent s'empêcher d'exécuter une fantasia échevelée. Ils s'élancent en poussant des clameurs furibondes, éperonnent avec rage les malheureuses bêtes, les font bondir par-dessus tous les obstacles qu'ils rencontrent, lancent leurs carabines qu'ils rattrapent en galopant ventre à terre à la façon des Arabes, et évoluent comme des fous, à travers les huttes, les chiens, les groupes de femmes et d'enfants, sans se préoccuper des irrégularités de terrain, et chose plus incroyable, sans produire le moindre accident.

Seuls, Crâne-Sanglant et le vieillard qui répond au nom singulier de : L'Homme-qui-a-vu-le-Grand-Père, sont demeurés près des prisonniers.

Un colloque fort animé s'établit entre eux, et le bonhomme forcé de se rendre aux raisons présentées par son compagnon, fait un signe d'assentiment, puis aide Friquet et André à descendre de cheval.

Crâne-Sanglant a déjà vigoureusement empoigné le colonel Bill affreusement congestionné, l'a enlevé de dessus le garrot de sa monture, et voyant qu'il est à peu près sans connaissance, l'a piqué à plusieurs reprises à la paume des mains, avec la pointe de son couteau, sans doute pour lui faire reprendre ses esprits.

Le malheureux cow-boy ouvre les yeux, pousse un long soupir et jette à son ennemi un regard effaré.

L'Homme-qui-a-vu-le-Grand-Père s'adresse alors à ses protégés, et leur fait comprendre qu'ils doivent se rendre à la loge de Crâne-Sanglant, où ils resteront avec l'Américain, jusqu'à ce que le conseil des chefs ait statué sur leur sort.

Il eût bien voulu les emmener chez lui, mais Crâne-Sanglant s'y oppose formellement. Tout ce qu'il pourra faire sera de leur envoyer porter des provisions par sa femme, La Mère-des-Trois-Hommes-Forts.

Il se défie sans doute de l'ordinaire de son vindicatif compatriote, et de la façon dont il prétend exercer les devoirs de l'hospitalité.

Comprenant que toute observation est superflue, rompus d'ailleurs par l'interminable chevauchée opérée dans des conditions si incommodes, ils remercient le vieillard, et suivent Crâne-Sanglant, escortés des enfants qui piaillent, des femmes qui vocifèrent en montrant le poing, et des chiens qui hurlent en découvrant plus que jamais leurs crocs.

Le colonel est incapable de marcher. Ses jambes tuméfiées refusent de le porter. Crâne-Sanglant, chez lequel la haine opère comme l'affection la plus dévouée, voulant que son prisonnier ne puisse échapper à aucun des supplices auxquels il le réserve, frictionne ses membres endoloris, et finalement l'emporte sur ses bras!

Ils arrivent bientôt à la loge, et désireux d'échapper au plus tôt à la curiosité malveillante de ceux qui leur font cortège, pénètrent rapidement dans la demeure du chef.

Quelque endurcis qu'ils soient à toutes les vicissitudes de la vie d'aventures, en dépit de leur prodigieuse faculté d'adaptation à tous les milieux, même les plus extravagants, ils ne peuvent retenir une exclamation de surprise et de dégoût, au moment où la portière mobile qui intercepte à la fois l'air et presque toute la lumière, retombe derrière eux.

L'Indien, en homme qui se trouve parfaitement à l'aise dans ce milieu malpropre, et qui, chose plus extraordinaire encore, se reconnaît sans la moindre erreur à travers l'indescriptible chaos des objets encombrant la hutte, dépose doucement le colonel sur une peau de bison, et s'accroupit près de lui, comme un sphinx de granit rouge.

Friquet écœuré par les senteurs s'exhalant des viandes décomposées, à demi asphyxié par la fumée s'échappant à peine par l'ouverture supérieure, qui livre difficilement passage à un maigre filet de lumière jaunâtre, ne peut s'empêcher de s'écrier :

— Pardieu! notre passage dans cet immonde gourbi peut bien compter comme un avant-goût des tortures que comptent nous imposer les hommes rouges.

« Quelle boîte!

« Vrai! c'est pas pour dire, mais on se croirait dans l'officine d'un équarrisseur.

Puis, s'adressant en anglais au chef qui, toujours immobile, darde sur sa victime un indescriptible regard de haine satisfaite, il ajoute :

— Eh! dites donc, vous, bourgeois, puisque vous baragouinez tant bien que mal l'anglais, est-ce qu'y aurait pas moyen de soulever un peu la porte ?

« J'ai idée qu'un petit courant d'air ne ferait pas de mal.

« On étouffe, ici.

Crâne-Sanglant détourna comme à regret ses yeux du cow-boy, et répondit gravement au jeune homme :

— Bras-de-Fer est jeune, mais il est un grand guerrier.

« Qu'il fasse comme il voudra.

— Hein! quoi? Bras-de-Fer...

« Quésaco?

« Ah! c'est juste... je me rappelle.

« C'est mon nom indien.

« Merci! mon digne Peau-Rouge.

« Je vais profiter de la permission et aérer un peu la case.

« Ah!... voici un petit zéphyr qui est le bienvenu.

« Mais à propos, m'sieu André, je fais tous les frais de la conversation.

« Vous ne dites pas un mot!

— Continue à plaisanter et à occuper autant que possible l'attention de ce coquin, répondit le jeune homme à voix basse.

« Moi, je vais rester coi, me reposer et méditer minutieusement un plan susceptible de nous offrir quelques chances de délivrance.

— Pourvu qu'il y en ait seulement cinq sur cent, j'en suis.

« Est-ce que vous avez déjà quelque vague idée?

— Oui.

« Mais, il nous faut attendre que le colonel ait repris ses forces.

— Ça me paraît indiqué.

« Et alors?

— Nous verrons à empoigner ce misérable Peau-Rouge, à faire main basse sur les armes et les oripeaux encombrant cette hutte et…

— A pincer chacun un dada et à jouer la Fille-de-l'Air.

« C'est à peu près ça, n'est-ce pas?

— Pas tout à fait.

« Il faudra d'abord que l'un de nous lui emprunte son déguisement, de façon à évoluer pendant la nuit à travers le camp.

« Les deux autres devront également se déguiser en Indiens, afin de pouvoir arriver au moins jusqu'aux chevaux sans être arrêtés.

— Fameux!

— Enfin, si cette première partie du programme peut s'accomplir sans encombre, nous nous élancerons à travers la Prairie.

— Ça va tout seul.

— Alors commenceront les plus grandes difficultés.

— On n'a rien sans peine.

— En conséquence, laisse-moi réfléchir à l'aise à tout cela, afin de mettre le plus possible d'atouts dans notre jeu.

— Va bien! comme dit mon matelot Pierre le Gall.

« Je m'en vais donc tâcher de blaguer avec ce personnage rébarbatif et lui soutirer, si possible, quelques renseignements.

« Tiens!... le voilà qui se met à prêcher le colonel.

« Écoutons !

« Ça promet d'être intéressant.

Crâne-Sanglant, toujours immobile près du cow-boy, avait laissé les deux amis échanger leurs pensées sans même paraître s'occuper d'eux.

Tout entier à son ennemi, qui avait entièrement repris ses sens, il l'apostrophait en mauvais anglais et savourait par anticipation sa vengeance, en lui racontant comment il avait pu opérer sa capture.

— Ah!... ah!... le Scalpeur-Blanc se croyait en sûreté, parmi les hommes de sa race.

« Avait-il donc oublié que la haine du guerrier rouge ne désarme jamais et que Crâne-Sanglant veillait le jour comme la nuit, à toute heure, sans repos !

« Crâne-Sanglant est venu chez les Blancs. Il s'est vêtu de leurs habits... Il a demeuré dans leurs loges de bois et de pierre, il a bien des fois approché le Scalpeur-Blanc et le Scalpeur-Blanc ne l'a pas reconnu.

« Il eût pu le tuer d'un coup de couteau et lui prendre sa chevelure... Le Scalpeur-Blanc a été souvent à portée de sa main.

« Mais Crâne-Sanglant voulait la vraie vengeance d'un guerrier de la Prairie !

« Il voulait son ennemi seul, désarmé, à sa merci, attaché au poteau de tortures...

« Il voulait entendre pétiller sa chair sous la morsure du feu, voir couler son sang, sentir ses os craquer, se repaître de ses plaintes, savourer son agonie et l'amener à lui demander la mort comme une grâce.

« Le Scalpeur n'a pas reconnu Crâne-Sanglant parmi les Indiens qu'il a rencontrés en sortant de Wallula avec le convoi des Blancs.

« Depuis ce moment, Crâne-Sanglant n'a pas perdu sa trace. Il avait su réunir ses amis, les guerriers des trois nations, et dresser l'embuscade où ont péri les Blancs.

« Il a pris leurs chevelures, tu entends ?

— Tiens!... tiens!... interrompit en aparté Friquet, c'est ce gredin qui a massacré nos pauvres compagnons?

« Voilà qui est bon à savoir.

« Ça m'ôtera l'envie de le ménager en temps opportun.

— Crâne-Sanglant est un grand chef, reprit l'Indien en s'animant peu à peu.

« C'est lui qui a fait incendier la Prairie quand le Scalpeur eut tué Corne-d'Élan, qui s'apprêtait à le prendre.

« Il a suivi les Blancs jusque chez les Cœurs-d'Alène et les a accompagnés, sans qu'ils aient pu s'en douter, sur le territoire de chasse.

« Il a réussi, avec ses amis, à éloigner les troupeaux de bisons et à amener les Blancs jusqu'au point où ils ont été pris.

« Et maintenant, le Scalpeur-Blanc est au pouvoir de Crâne-Sanglant...

« Rien ne peut l'arracher à sa vengeance.

« Comme ses guerriers sont sur le territoire des Pendants-d'Oreilles, des Indiens dégénérés devenus sujets du Grand-Père de Washington, ils vont hâter les apprêts du supplice.

« Demain, le grand conseil des chefs se réunira, et après-demain les Blancs seront attachés au poteau!

« Tu entends? Scalpeur-Blanc...

« J'ai dit : après-demain !

« Crâne-Sanglant pourra reposer en paix et enterrer sa hache, car ton scalp remplacera sur son crâne ce bonnet en peau de racoon.

« J'ai dit.

— Diable! murmura Friquet, s'agit pas de s'amuser à la moutarde.

« Nous n'avons plus que deux nuits et une journée, si j'ai bien compris le charabia de ce sinistre personnage.

« Eh ben! on avisera.

CHAPITRE XV

Sous la hutte indienne. — La Mère-des-Trois-Hommes-Forts tient sa promesse. — Cortège — La loge du conseil. — Les sept chefs. — Accoutrement des membres de l'assemblée. — Des chapeaux et encore des chapeaux. — Cacophonie. — Cérémonial. — Castor-Aveugle, le Grand chef. — Crâne-Sanglant accusateur public. — Lugubre exhibition. — Justice!... — Petit cadeau qui a bien son prix. — Échange projeté de chevelures. — Condamnation du colonel. — Crâne-Sanglant veut absolument trois victimes. — Réplique de Friquet.

En dépit des miasmes répandus à profusion dans l'étroit réduit leur servant de prison, Friquet, André et Mr. Bill lui-même finirent par s'endormir.

Leur sommeil lourd, obsédé de cauchemars et affectant peut-être un commencement d'asphyxie, se prolongea sans doute fort avant dans la matinée, car, chose assez rare, le feu s'étant éteint, ils purent apercevoir, par l'extrémité supérieure de la loge, un gai rayon de soleil dorer les perches entre-croisées formant la charpente.

Ils étaient seuls. Mais leurs vigilants gardiens ne devaient pas être loin, car un bruit confus de voix se faisait entendre à une faible distance.

Il leur sembla qu'on parlementait.

Ils ne se trompaient pas. Le ton des voix baissa soudain ; la portière mobile fut soulevée par une main décharnée, et une vieille femme ridée, cassée plutôt par un labeur aussi dur qu'incessant, apparut, chargée de provisions.

— La Mère-des-Trois-Hommes-Forts tient la promesse faite par l'Homme-qui-a-vu-le-Grand-Père, dit-elle à voix basse.

« Que les Blancs mangent... vite... très vite, car ils vont bientôt comparaître devant le conseil des chefs.

Puis, elle se retira sans ajouter un seul mot.

Friquet et André entassèrent à la hâte quelques larges bouchées de venaison, croquèrent à belles dents d'excellentes galettes de maïs, un peu dures, il est vrai, mais en somme assez appétissantes, et donnèrent, suivant l'expression de Friquet, la béquée à l'Américain.

L'Indienne avait dit vrai.

A peine leur repas plus substantiel, et surtout plus abondant que recherché, était-il terminé, que Crâne-Sanglant fit son entrée, armé de pied en cap et peint en guerre, c'est-à-dire odieusement barbouillé des couleurs les plus violentes.

— Que les Blancs se lèvent et me suivent, dit-il d'une voix rude.

« Ils vont paraître devant leurs juges et voir de grands guerriers.

— Tiens! interrompit Friquet, on nous juge, maintenant.

« Nous ne sommes donc pas condamnés à l'avance?

« Eh! ma foi, qui sait?...

« Dans tous les cas, nous allons, je crois, entendre et voir quelque chose de curieux.

Puis, s'adressant au chef, plus rogue et plus important que jamais sous ses enluminures et ses oripeaux, il ajouta :

— Eh! dites donc, vous, l'homme, vous feriez pas mal de nous débarrasser des ficelles qui attachent nos jambes.

« J'espère bien que nous n'allons pas faire notre entrée amarrés comme du bétail.

« D'abord, ça nous déplait, en ce sens que c'est souverainement incommode, ensuite parce que ça pourrait nuire à notre prestige...

— Crâne-Sanglant consent, répondit le Peau-Rouge avec un mauvais sourire.

« Il veut bien donner aux Blancs quelques moments de liberté, avant de les voir attachés au poteau.

— Et toi, mon gaillard, dit en aparté Friquet, je te serrerais proprement la vis, si nous n'étions pas seuls, tous trois, en présence d'au moins deux cents chenapans de ton espèce.

« Enfin, qui vivra verra.

— Allons, partons, reprit André au moment où l'Indien achevait de trancher les liens du colonel.

Ils sortent de la hutte, précédés du chef, et bientôt suivis d'un groupe d'hommes en armes qui stationnent à quelques pas de l'entrée.

Un vif mouvement de curiosité accueille leur apparition, mais il leur est impossible de savoir si cette curiosité est bienveillante ou non, car les sauvages guerriers affectent une impassibilité qui donne à leurs traits l'aspect de statues de granit.

Les femmes et les enfants ont été sans doute rigoureusement consignés dans les loges. On ne voit partout que des hommes, taciturnes sous leur masque de couleurs, et qui se joignent silencieusement au cortège.

On arrive enfin devant une hutte beaucoup plus vaste que toutes les autres, sous laquelle vingt personnes au moins peuvent tenir à l'aise.

En outre, l'enveloppe extérieure, en grosse toile bise, a été relevée jusqu'à moitié de la hauteur du modeste édifice, afin de laisser pénétrer l'air et la lumière de toutes parts à l'intérieur.

Les guerriers se rangent à l'entour de la loge, de façon à empêcher les importuns de s'approcher, et à ne pas perdre eux-mêmes un mot ou un geste de la scène qui va se passer.

Crâne-Sanglant s'avance par l'ouverture pratiquée au milieu de la claire-voie que forment les perchettes inclinées circulairement et réunies par leur sommet, comme nous l'avons indiqué précédemment.

Devant quelques charbons rouges épars sur des cendres, sont rangés, sur une seule ligne, sept Indiens en grande tenue.

Mais, que cette expression : « en grande tenue » n'implique dans l'esprit du lecteur ni l'idée de costumes plus ou moins appareillés et plus ou moins complets, comme on pourrait peut-être le croire, de la part de guerriers constitués en conseil de guerre, et qui auraient pu emprunter aux blancs, avec leurs oripeaux, quelque faux semblant d'uniformité.

Rien d'inattendu, d'étrange et de souverainement grotesque comme les accoutrements dont sont affublés ces hommes au profil de médailles romaines, aux torses puissants, aux membres athlétiques.

N'était la gravité des circonstances, les deux Français éclateraient de rire devant cette exhibition incohérente de loques, dont la description d'une ancienne Cour-des-Miracles pourrait seule donner une idée.

On a sorti les loques enfermées dans les caisses et les sacs de cuir, et ces Indiens, qui représentaient encore hier l'homme à l'état de nature, dans sa puissante originalité, sont devenus d'indescriptibles caricatures.

Au moment où les prisonniers s'arrêtent devant eux, sans faiblesse, comme sans forfanterie, ils entonnent un chant grave, sombre, entremêlé de notes discordantes, de glapissements et de cris d'animaux.

Chacun fait sa partie dans cet étrange concert, sans se préoccuper en aucune façon d'accord, de rythme ou de mesure. L'un brame, l'autre grogne, un troisième aboie, un autre hennit....

Pendant que ces sept hommes expectorent leur infernale cacophonie, Friquet et André les examinent à loisir; de son côté l'Américain, sans doute familiarisé avec ce spectacle, mastique avec sensualité un morceau de tabac retrouvé par bonheur dans une des poches de sa veste.

Au centre se tient un vieillard aux yeux ternes et sans regard. Il semble arrivé aux extrêmes limites de la vie, mais, c'est à peine si les années ont pu marquer leur empreinte sur sa verte vieillesse. Le seul signe de dégénérescence qu'il présente est cet œil atone, ce regard d'aveugle.

Il est assis sur un escabeau qui, en le surélevant, le fait dominer de toute la hauteur des épaules la tête des six autres, simplement accroupis sur le sol.

Friquet, auquel rien n'échappe, fait tout d'abord cette remarque au moins singulière : C'est que tous ont tenu à se coiffer de chapeaux plus ou moins minables, il est vrai, mais dont la substance et la forme attestent une origine civilisée.

Ce sont là, à n'en pas douter, des produits des manufactures américaines; mais dans quel état, grand Dieu!

Le vieux chef porte droit sur ses cheveux, toujours aussi noirs que l'aile du corbeau, un chapeau de soie haut-de-forme dont les poils tannés, roussis, ébouriffés, rappellent la fourrure d'un chat galeux. Les cassures qui agrémentent ce tube autrefois cylindrique, le font ressembler à une vis de pressoir. Mais qu'importe! c'est un chapeau.

Un autre possède également ce couvre-chef disgracieux, qui chez nous représente, on ne sait trop pourquoi, le summum de l'élégance, mais il n'a plus de bords; c'est un simple décalitre plus lamentable encore que celui du chef, car il s'affaisse comme un accordéon et perd ainsi la moitié environ de sa hauteur primitive.

Friquet, reconnaît, non sans plaisir, sous cet ornement hétéroclite, son vieux camarade, l'Homme-qui-a-vu-le-Grand-Père.

Quant aux cinq derniers, ils portent des chapeaux de feutre mou, plus ou moins défoncés, plus ou moins disloqués, plus ou moins méconnaissables.

Rien de grotesque et de sinistre, tout à la fois, comme leurs figures peinturlurées de bleu, de vermillon, de jaune, ou de noir, impassibles jusqu'à la cruauté, sous ces coiffures caricaturales.

Quant aux costumes, ils défient toute description ; il suffira de les mentionner en bloc. C'est un assemblage loqueteux, maculé, extravagant, de tuniques d'officiers américains, de vestons, de chemises de flanelle fendues comme des habits, de pantalons scalpés, de bottes ou de souliers chaussant un pied, pendant que l'autre est nu ou chaussé d'un mocassin, etc., etc.

Tous portent au cou des colliers en coquillages, en dollars, en dents et en griffes d'animaux, ou fabriqués avec des étuis métalliques de cartouches.

Un ornement très en faveur, est une grosse piastre mexicaine percée d'un trou et passée au col avec une ficelle.

Chez le Grand chef, cette piastre est remplacée par un petit miroir rond de cinq sous.

Quant à l'Homme-qui-a-vu-le-Grand-Père, il exhibe fièrement une grande médaille d'argent qui lui a été jadis donnée par le président Lincoln lui-même, à Washington, lorsqu'il fut chargé d'une mission près du gouvernement de l'Union.

C'est à cette occasion qu'il a pris le nom sous lequel il est connu depuis cette époque.

Aussitôt leur mélopée terminée, Crâne-Sanglant est placé à la gauche des prisonniers. Il ne s'assied pas au conseil, et reste comme un procureur, entre les juges et les accusés. Il prend une pipe à tuyau de roseau, l'emplit de tabac, place un morceau de charbon sur le tabac, et la met dans la main du vieillard.

Celui-ci aspire trois bouffées, fait entendre ce cri : A-hou! et dit d'une voix lente :

— Je suis le Castor-Aveugle.

Puis, il passe la pipe à son voisin de gauche.

Celui-ci, aspire également trois bouffées, profère le cri de A-hou, et ajoute :

— Je suis Corne-d'Élan.

La pipe circule de gauche à droite et de droite à gauche, puis chacun des chefs ajoute, après avoir fumé et prononcé le sacramentel A-hou :

— Je suis : L'Homme-qui-a-vu-le-Grand-Père.

— Je suis : Le Grizzly (1).

— Je suis : Le Mangeur-de-Miel.

— Je suis : Piquet-de-Loge.

— Je suis : Le Jeune-Homme-qui-a-reçu-un-coup-de-fusil-à-la-Face.

Puis, tous s'écrient : A-hou!

Crâne-Sanglant, le dernier, aspire la fumée, puis, il brise le tuyau de la pipe, et dit :

(1) L'Ours-Gris.

— Je suis Crâne-Sanglant, lieutenant de Sitting-Bull, grand chef des Sioux-Ogallalas.

— Mon fils Crâne-Sanglant est un grand guerrier, répond après une pause, Castor-Aveugle.

« Qu'il soit le bienvenu dans le conseil des chefs.

Puis, les six chefs répètent à tour de rôle et suivant le cérémonial invariable en pareille circonstance :

— Crâne-Sanglant est un grand guerrier, qu'il soit le bienvenu.

« A-hou!...

Castor-Aveugle reprend :

— Crâne-Sanglant est aussi un chef, pourquoi ne s'assied-il pas au conseil?

— Sa place n'est pas aujourd'hui dans le conseil des grands chefs du Couchant.

« Il se tient loin d'eux comme un suppliant, et implore leur appui.

— Que veut mon fils, le guerrier Ogallala?

— Père, si tes yeux fermés à la lumière ne peuvent plus me voir, que tes oreilles écoutent la voix d'un homme malheureux

« Père!... Père!... Justice!

— Mon fils, mes oreilles sont ouvertes à ta voix, justice te sera rendue.

— Frères!... Frères!... Justice!

— Justice te sera rendue, ô mon frère, répètent l'un après l'autre les membres du conseil.

— Et maintenant, continue Castor-Aveugle, parle sans crainte, mon fils.

« Tu as la parole des chefs.

Crâne-Sanglant paraît se recueillir un moment, puis rompant tout à coup avec le formulaire si cher à ses compatriotes, il redresse soudain sa haute taille, et incapable de dominer plus longtemps la fureur qui l'agite, il arrache brusquement son bonnet en fourrure de racoon, le jette à ses pieds, et découvre son crâne hideusement mutilé, recouvert seulement d'une peau luisante, rosée, d'un aspect repoussant.

En dépit de leur flegme proverbial, les sachems ne peuvent retenir une exclamation d'horreur et de colère, devant cette dramatique exhibition.

Leur fureur est d'autant plus vive, que depuis l'époque lointaine de sa mutilation, le Sioux n'a laissé voir sa tête qu'une seule fois, lorsqu'il se fit reconnaître à l'Américain.

— Père, dit-il d'une voix étranglée, en s'agenouillant devant Castor-Aveugle, tes yeux ne peuvent voir la place où se tordaient autrefois les longues tresses noires qui font l'orgueil et la joie d'un guerrier.

« Tiens, mets ta main sur ma tête nue comme la bosse d'un bison écorché...

Le vieillard passe doucement, sans donner le moindre signe d'émotion, ses doigts sur le crâne dénudé, et ajoute d'un accent lugubre comme une plainte d'outre-tombe :

— Mes mains sentent... ma pensée voit...

« Mon fils a perdu son scalp.

« Mon fils est malheureux, mais le déshonneur ne peut atteindre un vaillant comme lui.

— Le père a bien dit.

« A-hou! s'écrient les six chefs.

— Père, merci !

« Merci à vous aussi, mes frères, reprend le Sioux.

« Mais si vous conservez à Crâne-Sanglant l'estime et l'amitié qui sont aujourd'hui sa seule joie, que diront nos pères, alors que la mort ayant glacé mon corps, mon esprit voudra s'en aller dans la grande Prairie toujours verte, où les hommes de notre race montés sur des chevaux plus rapides que le vent, chassent sans trêve le bison...

« Ils ne reconnaîtront plus le guerrier sans chevelure et refuseront de recevoir celui qui revient avec la tête aussi lisse qu'une écaille de tortue.

— A-hou! répondent tristement les chefs, se sentant incapables de réformer cette sentence de l'autre monde.

— Pourtant, continue Crâne-Sanglant au comble de l'exaltation, ne penses-tu pas, père, toi qui possèdes, avec la valeur d'un grand chef, la sagesse d'un vieillard, ne penses-tu pas qu'en leur présentant la chevelure de celui qui a pris la mienne, je puisse fléchir leur colère?

Le vieillard parut se recueillir un moment.

Puis, au milieu d'un profond silence, il se leva lentement, tâtonna sa ceinture, en tira son couteau à scalper, le prit par la pointe, le présenta à son interlocuteur, et ajouta :

— Tiens, mon fils, prends ce couteau qui a coupé bien des chevelures...

« Je veux qu'il frappe celui qui t'a frappé.

« Celui-là sera la dernière victime de ce compagnon fidèle.

« Va, mon fils... va hardiment!

« Que ton œil soit calme, ta main ferme, ton cœur fort.

« Les ancêtres reconnaîtront le fils de leur race, quand ils te verront rapporter le scalp de l'ennemi.

Les autres chefs, frémissants d'enthousiasme, oubliant à leur tour le cérémonial, ne pensent même pas à donner leur avis, tant l'acte spontané de Castor-Aveugle répond bien à leurs superstitions et concorde de tous points avec leurs implacables idées de vengeance.

— Mais, après, s'écrie Crâne-Sanglant en brandissant le couteau, apprends à ton tour que, aidé des guerriers, tes fils, mes frères d'adoption, j'ai pu m'emparer de cet homme... un blanc... un Long-Couteau.

« Il est ici... devant toi !

— A-hou ! interrompt avec un signe d'assentiment le vieux chef, comme s'il eût effectivement ignoré jusqu'alors la capture et la présence de Mr. Bill.

« Mon fils sait ce qu'il doit faire.

— Mon père n'ignore pas que mon ennemi, le Scalpeur-Blanc, est aussi un grand guerrier...

« Il a lutté pendant de longues années contre Crâne-Sanglant...

« Ne doit-il pas, avant de laisser sa chevelure en mes mains, montrer aux hommes rouges qu'il ne craint pas la souffrance ?...

« Ne doit-il pas expier les longues années d'ignominie que j'ai subies grâce à lui ?

« Enfin, ne devons-nous pas l'attacher au

poteau et l'offrir aux ancêtres, comme le veulent les coutumes invariables des hommes de notre race ?

— Bien dit, mon fils !

« Le Scalpeur-Blanc est un grand guerrier. Il sera traité en guerrier et subira le supplice du feu, après avoir été attaché au poteau.

« Qu'en pensent mes fils, les chefs ?

— Mon père a bien parlé, répond le premier Corne-d'Élan.

« Avant d'appartenir à Crâne-Sanglant, le Scalpeur-Blanc appartient à nos jeunes hommes.

« Quand il aura subi le supplice, Crâne-Sanglant prendra sa chevelure.

« A-hou ! »

Les cinq autres chefs répètent sans la moindre variante cette formule qui clôture la première partie de l'audience et condamne sans appel le malheureux Américain.

Pendant cette interminable séance, les trois blancs, immobiles, n'ayant pas été pris directement à partie, n'ont pas eu à prononcer un mot.

Crâne-Sanglant, après avoir passé à sa ceinture le couteau de Castor-Aveugle, s'est accroupi de nouveau sur le sol et affecte de ne plus même regarder le colonel, qui, avec un calme inouï et le plus suprême dédain, crache avec une précision mathématique son jus de tabac dans le foyer et semble concentrer toutes ses facultés dans l'extinction d'un tison.

Il y eut une longue pause qui dura plus de cinq minutes, puis, le Sioux Ogallala désignant les deux Français, reprit « ex abrupto » ses fonctions d'accusateur public.

— Père!... Père!... écoute encore, et dis-moi quelle peine méritent ceux qui suivent avec nos ennemis le sentier de la guerre ; qui ravagent nos territoires de chasse ; qui, après avoir exterminé ou éloigné le bison, viennent pour s'établir sur les réserves où les fils blancs du Grand-Père nous tiennent enfermés comme des prisonniers.

— Que veux-tu dire, mon fils?

— Tes jeunes hommes, sous ma conduite, ont également pris deux Visages-Pâles qui étaient les compagnons du Scalpeur-Blanc.

« Je réclame pour eux le supplice qui sera agréable aux ancêtres, puis nous prendrons leurs chevelures pour orner la ceinture de nos plus jeunes guerriers.

L'Américain avait, au fur et à mesure que Crâne-Sanglant parlait, traduit ses paroles à ses compagnons.

Le Sioux allait continuer sa tirade, quand Friquet l'interrompit brusquement, d'une voix aiguë contrastant singulièrement avec les organes gutturaux des Peaux-Rouges.

— Eh! dites donc, vous, grand rageur, pour un homme possédant un caillou aussi déplumé que le vôtre, vous êtes nanti d'un fier toupet.

« C'est très joli de prêcher comme vous le faites, mais encore faudrait ne pas trop écorcher la nommée vérité.

« Inutile de chercher à entortiller l'ancien en lui contant une série de mensonges aussi absurdes qu'éhontés.

« Primo, nous ne suivons pas, comme vous dites, le sentier de la guerre, puisque nous sommes des voyageurs paisibles, essentiellement pacifiques.

« Secundo, nous ne ravageons pas vos territoires de chasse, puisque nous chassions sur la réserve des Cœurs-d'Alène et que c'est vous qui venez braconner chez eux.

« Tertio, nous ne venons pas pour nous établir ici, puisque nous sommes des Français voyageant pour notre bon plaisir et que nous sommes à la veille de rentrer chez nous, après avoir fait le tour du monde.

« Est-ce que nous nous mêlons de vos affaires

particulières, où la question des territoires s'emmêle avec celle des perruques?

« Allons donc! nous avons bien d'autres chats à fouetter.

« Enfin, êtes-vous en paix ou en guerre avec les Américains, pour vous arroger le droit de nous empêcher de nous promener chez vos voisins et violer notre liberté !

— Que dit l'homme blanc? demanda le vieillard qui n'avait pas compris, et pour cause, la virulente réplique prononcée d'une haleine en français par Friquet.

Le colonel se chargea obligeamment de la traduction, qu'il rendit le plus possible conforme au texte officiel.

— Le Blanc dit-il vrai? fit Castor-Aveugle après avoir médité chaque parole de l'Américain.

— Permettez-moi de vous répondre, mon ancien, que je blague parfois pour rire, mais que je ne mens jamais.

— Que dit Crâne-Sanglant? reprit le vieux chef ébranlé peut-être par les paroles du jeune homme, peut-être aussi pour suivre les formes établies pour cette procédure primitive.

— Je dis, père, que tous les Blancs sont nos ennemis.

16.

« Ils violent les traités, prennent nos terres, enlèvent nos femmes, nous massacrent quand ils le peuvent et veulent anéantir notre race.

« Je dis qu'il faut les exterminer partout où nous les rencontrons, si nous ne voulons pas disparaitre jusqu'au dernier.

« Enfin, si depuis les longues années passées avec tes guerriers j'ai pu être utile à ceux de ta tribu, je réclame, si ces raisons ne te suffisent pas, la mort de ces deux blancs, en récompense de mes services.

Le vieillard passe les doigts sur le crâne dénudé. (Page 275.)

CHAPITRE XVI

Les affaires se gâtent de plus en plus. — Crâne-Sanglant ne veut pas lâcher sa proie. — La défense d'André. — Les Français au Canada. — Amitié des anciens colons et des Indiens. — Réplique. — Éloquence inutile. — Condamnés à mort ! — Reprise des projets d'évasion. — Un ci-devant médium. — Souvenir à l'armoire des frères Davenport. — Surprise. — Ce que Friquet appelle un examen de capacité. — Les exploits d'un tireur. — Un cavalier comme on en voit peu. — Enthousiasme. — Friquet et André reçoivent la proposition d'être naturalisés Indiens.

Ainsi posée par le haineux Peau-Rouge, la question devenait embarrassante à résoudre pour le conseil et très périlleuse pour les deux Français.

Si, en ce qui concernait le cow-boy, elle n'avait pas soulevé la moindre difficulté, c'est que les chefs, connaissant de longue date en lui un ennemi acharné, croyaient de bonne foi user à son égard du droit de représailles.

Enfin, comme en mainte circonstance il n'avait pas manqué de maltraiter les Indiens en général, et qu'il n'avait pas hésité, en outre, à tuer sans provocation, ainsi que nous l'avons vu au commencement de ce récit, le chef des Indiens maraudeurs, leur conscience était parfaitement en repos.

Mais, il n'en était pas de même à l'égard d'André et de Friquet.

Les Peaux-Rouges, habitués à rencontrer fréquemment dans leurs courses vagabondes des pionniers, des mineurs, des chasseurs et des cow-boys, n'avaient vu qu'exceptionnellement des voyageurs semblables aux deux Français, dans lesquels leur instinct leur faisait deviner des hommes sortant de l'ordinaire.

Ils les eussent même volontiers laissés en repos, en raison de l'hospitalité à eux accordée par les Cœurs-d'Alène, avec lesquels on était en rapports pacifiques.

Ils n'avaient, en outre, commis aucun méfait à l'égard des guerriers de la tribu, et il pouvait être fort dangereux de les condamner sans motif, les autorités américaines n'ayant pas l'habitude de laisser molester les blancs, d'autant plus qu'elles recherchent soigneusement les occasions de sévir contre le « frère rouge ».

Enfin, la façon pour le moins originale dont Friquet s'était fait connaître à eux, n'avait pas été sans leur inspirer pour le jeune homme une certaine sympathie.

Mais, d'autre part, Crâne-Sanglant jouissant dans sa tribu d'adoption et dans les clans voisins d'une réelle influence, il devenait difficile, imprudent même de lui refuser satisfaction.

Puis, il avait si bien su réveiller les vieilles haines de race, en représentant l'antagonisme séculaire des blancs et des rouges, que ces derniers ne pouvaient plus guère vaincre des préventions, hélas! trop souvent justifiées.

Le cas, avons-nous dit, devenait donc singulièrement embarrassant.

Aussi, Castor-Aveugle, prudent comme il convient à un vieillard qui assume une lourde responsabilité, ne jugea-t-il pas à propos de résoudre brusquement la question.

— Les chasseurs blancs ont entendu Crâne-Sanglant, dit-il après une longue pause employée par le colonel à traduire les paroles de l'Indien scalpé.

« Qu'ils répondent sans crainte.

« Les oreilles des chefs sont ouvertes à toutes les paroles justes.

André, qui avait alors assisté à tout le débat

avec le sang-froid d'un simple spectateur, fit signe qu'il allait parler.

— Père, dit-il de sa voix sympathique, en employant la formule indienne, et vous, chefs, mes frères, écoutez-moi.

« Si nous n'appartenons pas, ainsi qu'on vous l'a dit, à la nation américaine, aux hommes de laquelle vous donnez le nom de Longs-Couteaux, nous n'en sommes pas moins leurs frères par le sang et par la couleur de notre peau... comme tous les hommes de la race rouge sont frères aussi, quelle que soit leur famille.

« C'est vous dire que nous associons notre destinée à celle de l'homme qui vous traduit mes paroles en votre langue, et que nous ne voulons, à aucun prix, bénéficier d'une exception qui serait faite en notre faveur.

« Nous le connaissons depuis peu de temps, il est vrai, mais il a été notre guide fidèle à travers les dangers, il a partagé notre vie, mangé notre pain, serré notre main, il est de race blanche... Ou nous mourrons ensemble, ou il sera libre avec nous !

— Monsieur, interrompit avec dignité l'Américain, je connais assez les Peaux-Rouges pour pouvoir vous affirmer que vous vous perdez irrémédiablement sans me sauver.

— Laissez-moi dire, colonel.

« Je fais mon devoir... et pour moi, le devoir est la ligne rigoureusement droite.

« Mon père et mes frères ont entendu ? dit-il en interrogeant les Indiens impassibles.

— Castor-Aveugle comprend le Chasseur-Blanc, et les oreilles de mes fils sont ouvertes.

— A-hou! répondirent en signe d'assentiment les sachems.

— Maintenant que vous connaissez nos intentions, reprit André, je veux vous dire qui nous sommes et ce que nous venons faire ici.

« Nous appartenons à une nation qui, pendant trop longtemps, a été mêlée à l'histoire des hommes de votre race, pour que le nom de la France n'éveille encore aujourd'hui un souvenir dans vos esprits.

« Ce nom, le vénérable missionnaire qui, pendant quarante ans, fut votre ami, le Père de Smet, vous a appris à le connaitre et à l'aimer.

« Et quand le chef que vous appelez Crâne-Sanglant vient vous dire : Le Visage-Pâle est l'ennemi de l'homme rouge, il se trompe, puisque votre meilleur ami était un Visage-Pâle, un Français comme nous!

« Mais, ce n'est pas tout.

« Vous habitez trop près du Canada pour

ignorer que pendant de longues années, les hommes venus du pays de France furent toujours pour vos frères, les Indiens du Nord, des amis dévoués, qui vécurent de leur vie, combattirent pour eux, et ne leur marchandèrent jamais un dévouement, qui alla souvent jusqu'au sacrifice de l'existence.

« Vous savez bien que les Français furent aussi des frères pour les hommes rouges, et que s'il se trouvait en ce moment, parmi vous, des représentants des Ériés, des Algonquins, des Ottaouais, des Saulteux, des Hurons, des Onondagas, des Tuscaroras ou des Delawares, tous se lèveraient et diraient au chef: Non, Crâne-Sanglant, les Visages-Pâles du pays de France ne sont pas et n'ont jamais été les ennemis des hommes rouges!

« Et aujourd'hui encore, quand vous êtes en guerre contre les soldats du Grand-Père de Washington, où cherchez-vous un refuge, sinon chez les descendants de nos ancêtres, qui, s'étant alliés aux femmes rouges, ont produit cette vaillante race moitié blanche, moitié indienne, votre amie fidèle, car elle continue les traditions des vieux Français en vous donnant toujours asile et protection.

« Si, comme le dit Crâne-Sanglant, le blanc

était l'ennemi du rouge, existerait-il aujourd'hui une race d'hommes dont le sang est à la fois indien et français !

« Enfin, vous-même, qui êtes un Sioux, n'est-ce pas près de ces Canadiens que s'est réfugié votre grand chef Sitting-Bull !

« N'a-t-il pas été fraternellement accueilli par les petits-fils des blancs de France, qui sont aussi les petits-fils des hommes rouges des six nations !

« Que dit mon père le Castor-Aveugle ?

— Mon fils le Chasseur-Blanc a bien parlé.

« Castor-Aveugle et les sachems l'écoutent avec plaisir.

— Quant à ce que nous sommes venus faire ici, continua André, croyant avoir presque gagné la partie, vous le savez déjà.

« Aimant la chasse comme il convient à des hommes libres, voulant voir les terres du Grand-Ouest et connaître les hommes rouges qui furent les frères de nos pères, nous sommes venus, loyalement, chasser sur le territoire d'une tribu amie, les Cœurs-d'Alène, et sans porter atteinte, comme on voudrait le faire croire, à la propriété des tribus voisines.

« Père, et vous, chefs, vous avez entendu la vérité.

Les sept sachems se réunirent en groupe, parlementèrent longtemps à voix basse et reprirent impassiblement leurs places, sans manifester leur pensée par un mot ou par un signe.

— Que dit Crâne-Sanglant? reprit Castor-Aveugle.

— Père, et vous, mes frères, s'écria le Peau-Rouge en grinçant des dents, défiez-vous de ces hommes et de leurs paroles qui vous font voir blanc ce qui est noir et noir ce qui est blanc.

« Regardez ma tête mutilée, rappelez-vous vos frères égorgés par les Longs-Couteaux, vos femmes enlevées, vos villages ravagés, vos territoires envahis!

« Le Chasseur-Blanc aura beau dire, il ne pourra ni me donner une chevelure, ni rendre la vie à nos morts, ni ramener nos femmes, ni rebâtir nos huttes, ni restituer nos territoires.

« Non!

« Vous m'avez donné le scalp et la vie du Scalpeur-Blanc, j'ai la parole des chefs, et rien ne peut empêcher l'exécution de la sentence prononcée par le conseil.

— Mais, interrompit André, la tribu des Sioux n'est-elle pas en paix avec les États de l'Union!

« N'avez-vous pas enterré la hache! Sitting-Bull n'est-il pas revenu sur sa réserve! N'a-t-il pas, lui-même, lui, votre grand chef, proclamé l'oubli de toutes les haines!

« A votre tour, prenez garde de faire recommencer une guerre terrible qui de nouveau déchainera toutes les colères, entassera les ruines, sèmera la mort!

Castor-Aveugle, à ces mots, se leva lentement et reprit de sa voix dure et monotone :

— Le conseil a entendu et jugé.

« Le Scalpeur-Blanc appartient à Crâne-Sanglant.

« Il subira le supplice demain, et c'est justice.

« Quant aux deux chasseurs du pays de France, ils mourront après lui.

« S'ils retournaient au pays des Blancs, ils raconteraient la mort du Scalpeur, et les soldats du Grand-Père viendraient pour le venger.

« Quand ils auront disparu, nous retournerons sur notre territoire, et nul ne saura ce qu'ils sont devenus.

« A-hou!

— Eh bien! général, s'écria l'Américain, avais-je raison de vous dire qu'il n'y avait rien à gagner avec ces vermines?

« By God! J'en ai exterminé autant que j'ai pu, et je n'ai qu'un regret, c'est de n'avoir pas fait plus.

« Sachez bien, d'autre part, que nous étions d'ores et déjà condamnés avant ce simulacre de jugement, et que cette comédie rentre dans le cérémonial qui accompagne ces terribles pratiques.

« Comme les coquins ont dû s'amuser, en voyant que vous y alliez ainsi bon jeu, bon argent!

André, un instant abasourdi par ce revirement aussi brutal qu'inattendu, avait déjà repris tout son sang-froid.

— J'ai fait mon devoir, colonel, et ma conscience ne me reproche rien.

« D'ailleurs nous avons encore vingt-quatre heures devant nous, et en vingt-quatre heures des hommes de notre trempe ont le temps de réaliser l'impossible.

La séance ayant été aussitôt levée, les trois compagnons furent incontinent réintégrés dans la loge, garrottés de nouveau, mais, cette fois, aux pieds et aux mains, de sorte qu'il leur devint impossible de faire aucun mouvement.

En outre, un Indien armé jusqu'aux dents resta en permanence près d'eux, de façon à pouvoir jeter aussitôt l'alarme, dans le cas bien improbable d'une tentative d'évasion.

En dépit de ses liens et de la présence de

l'homme de planton, Friquet se mit à rire en présence de ce luxe de précautions.

— Tu ris, enragé gamin, dit André sans pouvoir deviner le motif de ce subit accès de gaîté.

« Je trouve pourtant que la situation n'a rien de bien bouffon, et ces liens, sur lesquels je n'avais pas compté, la compliquent singulièrement.

— Les ficelles !... c'est, pardieu ! bien le moindre de mes soucis, et je m'en moque comme d'une livre de guignes... dans la saison.

— Bah !

— C'est comme j'ai l'honneur et le plaisir de vous le dire.

« Si je veux, dans deux minutes, mes liens tomberont, je m'élancerai d'un bond sur le gardien, je lui serrerai la vis dans le premier numéro.

« Couic !... Le voilà étouffé comme une mauviette.

« Je vous délie en deux temps, naturellement, et alors, en avant les grands moyens !...

« Branle-bas partout !... et s'il y a seulement une chance de réussir votre plan, ce sera le moment de l'exécuter.

— Tu parles bien à ton aise des liens qui nous garrottent et coupent notre chair.

— Peuh! une misère.

« Avant de vous connaître, vous savez bien que j'ai travaillé chez m'sieu Robert-Houdin.

— En effet; où veux-tu en venir?

— A vous apprendre que j'ai fait le « médium » et exécuté les tours de l'armoire des frères Davenport; que j'étais passé maître dans l'art de déjouer les combinaisons les plus compliquées de nœuds et d'amarrages et que plus tard, quand j'ai commencé à naviguer, les gabiers de beaupré perdaient eux-mêmes leur temps, avec leurs nœuds de vache, de capelage ou de gueule de loup, ainsi que leurs roustures, leurs veltures, et leurs amarrages en étrive ou en portugaise.

— A la bonne heure!

« Nous pourrons au moins lutter jusqu'au bout, et tomber, s'il le faut, en nous défendant.

« Nous allons donc, sauf incident, faire provision de patience et attendre la nuit.

— Tiens, à propos, interrompit Friquet, voyez-vous avec quelle désinvolture le bonhomme qui m'avait témoigné quelque sympathie, m'a proprement lâché.

« Il paraît que monsieur l'Homme-qui-a-vu-le-Grand-Père a l'amitié capricieuse.

« Décidément, ces Peaux-Rouges n'ont pas beaucoup de bon, et je commence, mon cher colonel, à partager quelque peu vos préventions.

« Il est vrai qu'il est un peu tard.

Deux heures environ se passent à deviser ainsi en présence de l'Indien toujours impassible, en dépit de l'étonnement que doit lui causer un pareil sang-froid, chez des hommes dont l'existence est virtuellement suspendue.

Friquet venait pour la dixième fois au moins de déplorer l'absence de la Mère-des-Trois-Hommes-Forts et de ses provisions, car malgré l'horreur de la situation l'appétit ne chômait pas, quand la portière mobile se souleva lentement, et un Indien apparut.

— Tiens! c'est vous, papa, s'écria le Parisien en reconnaissant l'Homme-qui-a-vu-le-Grand-Père.

« Et moi qui vous traitais de lâcheur!

« Ça, c'est gentil tout plein, de penser un peu aux amis.

« Et, ça va toujours bien, depuis tout à l'heure?

Le vieillard, sans prononcer un mot, tira son couteau, trancha les liens du jeune homme, se pencha sur André, exécuta toujours silencieusement la même manœuvre, puis leur fit signe à tous deux de le suivre, après s'être entretenu à voix basse avec le morne gardien de la loge.

Friquet et André, stupéfaits, ne se font pas

répéter l'injonction. Ils s'étirent voluptueusement, et s'échappent de leur fétide prison, non sans donner un mot d'encouragement à leur malheureux compagnon.

Ils trouvent au dehors le peloton d'Indiens en armes, et ceux-ci obéissant probablement à une consigne, les laissent librement accompagner le vieux chef.

Ce dernier les conduit sur un emplacement assez vaste, circonscrit par les huttes, et ils se trouvent bientôt au milieu d'un groupe composé des sachems ainsi que de guerriers de moindre importance, tous armés, tous barbouillés de leurs lugubres peintures de guerre.

— Que diable veulent-ils faire de nous? se demande non sans raison Friquet.

« Ont-ils l'intention de nous massacrer séance tenante, ou bien veulent-ils nous rendre la liberté et nous faire filer sans passeport jusqu'à la frontière ?

Cependant, les Indiens ne semblent manifester aucun sentiment hostile, bien au contraire ; et leurs traits indiquent plutôt une vive curiosité.

Le vieux chef sort enfin de son mutisme, et dit en s'adressant plus particulièrement à Friquet :

— Mon fils Bras-de-Fer est bien jeune, mais c'est un grand guerrier.

« L'Homme-qui-a-vu-le-Grand-Père l'a pris sous sa protection, et si Bras-de-Fer le veut, il ne lui sera fait aucun mal.

— Eh! je ne demande pas mieux, mon ancien, dites-moi ce qu'il faut faire.

— Son ami le Chasseur-Blanc, continue le vieillard sans répondre à la question, est peut-être aussi un grand chef, mais il n'a montré aux hommes rouges ni la force de ses bras, ni l'agilité de son corps, ni la justesse de son coup d'œil.

— Voyons, papa, je vous ai dit que, en comparaison de m'sieu André, je n'étais que de la Saint-Jean.

« Vous pouvez me croire sur parole.

— Les hommes rouges veulent connaitre les mérites du Chasseur, avant de prendre une dernière résolution à son égard.

— Comme qui dirait lui faire subir un examen de capacité.

« Vous n'êtes pas dégoûtés, vous autres.

« Eh ben! je vous promets que vous allez être rudement « épatés »; c'est moi qui vous le dis.

— Je ne demande pas mieux, répond André,

que de me soumettre à cette exigence pour le moins singulière.

« Peut-être trouverons-nous là un nouveau moyen de salut, et dans la position où nous sommes, il ne faut rien négliger.

« C'est bien, chef, qu'on me donne une carabine.

Le vieillard, tout joyeux, traduit en dialecte sioux la phrase anglaise d'André, et aussitôt une dizaine d'Indiens lui présentent chacun leur arme.

André choisit au hasard la première venue, qui, par bonheur, se trouve en excellent état.

Il en fait agir le mécanisme, l'épaule, la décharge, s'assure du fonctionnement de la détente, étudie le degré de tension du ressort, puis la recharge méthodiquement et semble chercher un but.

Il aperçoit à ce moment un vautour qui, enivré de soleil, plane à une hauteur vertigineuse, décrit de larges cercles, va, vient, et randonne comme un voilier qui court des bordées.

Il le regarde un instant, le suit attentivement de l'œil, comme pour étudier ses manœuvres, puis, portant rapidement l'arme à son épaule, vise pendant trois secondes à peine et fait feu.

Avant que les Indiens stupéfaits, aient eu le temps de manifester la surprise que leur cause l'intention seule de tenter ce tour de force en apparence impossible, le vautour, frappé en plein vol, plie les ailes et se met à dégringoler comme un cerf-volant dont la ficelle est rompue.

En dépit de leur flegme, les spectateurs ne peuvent s'empêcher de pousser des hurlements d'enthousiasme, à la vue de cette merveilleuse preuve d'adresse.

André, sans s'émouvoir, veut leur montrer que le hasard n'a aucune part dans cet exploit.

Pendant que les plus agiles s'élancent vers l'oiseau qui vient de s'abattre avec un bruit étouffé, il cherche un autre but.

Effrayé par la détonation, un superbe cheval, attaché à un pieu par un lasso, piétine sur place, se cabre violemment et se met à décrire, au grand galop, un cercle autour du pieu qui le retient.

La distance qui le sépare du tireur est d'environ cinquante mètres.

André met sans plus tarder en joue la longe de cuir qui le retient, fait feu de nouveau, et la tranche avec sa balle, comme avec un couteau.

L'animal, se sentant libre, veut s'enfuir à

travers la Prairie, mais aussitôt rappelé par un violent coup de sifflet poussé par son maître, il revient en caracolant vers le groupe.

Il passe à portée d'André, qui attrape au vol le lasso, l'empoigne d'une main de fer, et arrête d'un seul effort la bête qui se met à ruer des quatre pieds.

Sans se préoccuper de ses pétarades, le jeune homme laisse tomber son arme, se rapproche, saisit sa crinière, et s'élance, sans selle ni bride, sur sa robuste échine.

Le cheval indien qui, comme nous l'avons dit, ressent pour le Blanc une répulsion participant à la fois de la haine et de la terreur, fait aussitôt une pointe terrible pour désarçonner son cavalier.

Mais l'intrépide Français, aussi calme qu'au manège, le laisse ruer, se cabrer, se dérober des quatre pieds à la fois, sans même être ébranlé.

Il attend qu'il s'épuise dans cette lutte furieuse, et se contente de l'enserrer progressivement entre ses cuisses.

Bientôt, l'animal, qui semble frappé de folie, tant ses mouvements sont désordonnés, commence à manifester de l'inquiétude. Ses soubresauts deviennent moins enragés. Il se calme peu à peu, comme s'il était soumis tout à coup à une mystérieuse influence.

Puis il s'arrête soudain et se met à trembler de tous ses membres. Il pousse enfin un hennissement douloureux, plie les genoux, s'affaisse sur les pieds de derrière et s'allonge à plat sur le sol !

André n'a pas attendu ce mouvement pour s'élancer légèrement à terre, à la stupeur toujours croissante des Indiens, qui ne peuvent concevoir qu'un homme ait pu, par la simple pression des jambes, mater ainsi en cinq minutes un étalon à demi sauvage.

— Eh ben ! papa, s'écrie Friquet triomphant, n'avais-je pas raison de vous dire que les hommes comme m'sieu André ne se rencontrent pas souvent ?

« Si vous voulez à présent qu'il mette à bras tendus une paire de vos Iroquois, il s'en chargera sans seulement faire : ouf !

« Ah !... ah !... parait qu'on est content et l'enthousiasme fait beugler tout ce monde-là comme un clan de hérons-butors.

« Allez-y, j'aime mieux ça que le cri de guerre.

Les Peaux-Rouges sont, en effet, en proie à un véritable délire, et nul ne reconnaîtrait dans ces êtres frénétiques les bonshommes ordinairement si compassés, surtout en présence des hommes de race blanche.

Ils ont peine à en croire le témoignage de leurs sens et entremêlent leurs vociférations de lambeaux de phrases rappelant le triple exploit du Français qui, du coup, vient de grandir à leurs yeux de cent coudées.

Une chose pourtant continue à taquiner Friquet et à intriguer André, qui ne comprennent ni l'un ni l'autre le motif de ce revirement aussi brusque qu'inattendu.

Le Parisien prend à part l'Homme-qui-a-vu-le-Grand-Père, et lui demande, au milieu du tumulte toujours croissant, le pourquoi de cette série d'événements.

— Les hommes rouges, répond le vieillard de son ton sentencieux, aiment la force et le courage.

« L'Homme-qui-a-vu-le-Grand-Père a représenté aux membres du conseil que les deux Français étaient les amis des Indiens, et qu'il serait dommage de sacrifier ainsi deux grands guerriers.

« Les chefs ont voulu savoir si le Chasseur-Blanc était aussi fort et aussi adroit que son frère Bras-de-Fer.

« Ils savent maintenant que le Chasseur est un grand chef.

— Bon! bon! interrompt Friquet. Mais, tout ça, c'est de l'eau bénite d'Iroquois.

« Que veut-on faire de nous ?

« Sommes-nous libres enfin, en faveur de nos mérites, si mérites il y a?

« Allons-nous pouvoir nous en aller chez les Cœurs-d'Alène, et emmener notre pauvre compagnon?

— Mon fils parle... parle... comme l'Oiseau-Moqueur.

« Mais mon cœur l'aime ainsi.

« Non, il ne sera pas libre de retourner au pays des Blancs.

« Il restera, ainsi que le Chasseur son frère, dans une loge; ils épouseront mes filles et deviendront de grands chefs dans notre tribu.

« C'est à cette seule condition qu'ils auront la vie sauve.

« Quant au Scalpeur-Blanc, il mourra demain.

CHAPITRE XVII

Friquet ne veut pas devenir le gendre de l'Homme-qui-a-vu-le-Grand-Père. — Présentation. — Les fiancées. — Jument-Jaune et Bouteille-de-Wisky. — Arguments paternels. — Etroite surveillance. — Apprêts du supplice. — Impossibilité d'intervenir. — Résolution héroïque et folle. — Vengeance de Crâne-Sanglant. — Le supplice du feu. — Lutte. — Deux contre deux cents ! — Sonnerie de clairon. — Cavaliers américains. — Les Cœurs-d'Alène. — La peine du talion. — Retour. — Il faut porter perruque.

— Dites donc, m'sieu André, est-ce que la manière dont l'Homme-qui-a-vu-le-Grand-Père dispose de nos personnes et sa proposition de nous faire naturaliser Indiens ne vous jettent pas un certain froid ?

— Un froid pour le moins sibérien, mon pauvre Friquet.

« Mais, que veux-tu, ne vaut-il pas mieux de deux maux choisir le moindre ?

— Ça, c'est vrai.

« La façon dont le fil de nos existences est pour le moment tendu, est bien faite pour abréger nos réflexions.

« C'est égal, cette perspective de descendre le fleuve de la vie en compagnie de Peaux-Rouges et d'unir nos destinées à de jeunes personnes également couleur de brique, n'a rien de positivement enchanteur.

« Surtout pour des célibataires endurcis comme nous !

« Si seulement y avait un truc pour échapper à cette dernière éventualité.

« Une idée : Si je disais que nous sommes mariés dans notre pays ?

— Voilà qui leur est bien égal !

« Est-ce que la polygamie n'est pas ici la règle commune !

— Diable ! devenir Indiens, cela peut s'admettre à l'extrême rigueur.

« Mais être gendres de l'Homme-qui-a-vu-le-Grand-Père, quelle tuile !

— Bah ! nous n'en sommes pas encore là.

« Les événements marchent si vite, que nous n'aurons guère à les attendre en faisant contre fortune bon cœur.

« Pour le moment, l'essentiel est de paraître

nous résigner, afin d'intervenir en temps et lieu pour sauver le colonel.

Le vieil Indien, voyant les deux Français n'élever aucune objection à sa proposition, en conclut qu'ils acquiesçaient, en raison de l'adage bien connu : Qui ne dit rien consent.

Il fit en conséquence part de la bonne nouvelle à ses compatriotes, et ceux-ci poussèrent des hurlements d'allégresse, en voyant leur effectif augmenté de deux pareilles recrues.

Une liberté relative leur fut accordée comme don de joyeux avènement, et au lieu d'être garrottés comme précédemment, leurs membres furent définitivement affranchis de tout amarrage.

Ils eurent en outre le bonheur d'être soustraits à l'hospitalité de Crâne-Sanglant, et leur futur beau-père s'empressa de les conduire solennellement à sa loge, où les dames procédèrent incontinent aux apprêts d'un festin monumental.

Le patriarche, en homme qui connaît son monde, ne négligea pas cette occasion de leur présenter leurs fiancées.

Un gai rayon de soleil pénétrant par la portière relevée éclairait le taudis, et les épouseurs malgré eux aperçurent deux pauvres créatures franchement affreuses, déjà flétries par les travaux écrasants imposés aux femmes indiennes dès leur jeune âge.

— Celle-ci est Jument-Jaune, dit à André le chef en lui montrant une grande fille carrée de la cime à la base comme une boite d'horloge, fagotée de haillons sordides, aux cheveux emmêlés, dont la face craintive et rechignée tout à la fois, est couverte d'un épais enduit de couleurs et de crasse étroitement combinées.

André, complètement désorienté, ne trouve rien à répondre, et pour cause, en présence de ce pauvre être si rapproché de l'animalité, et dont la vue ne peut inspirer qu'un sentiment de douloureuse commisération.

— Celle-là est Bouteille-de-Wisky, continue le vieillard en indiquant à Friquet la personne désignée par ce nom au moins singulier.

— Pétard! murmure le Parisien, c'est un vrai phénomène, avec sa tête de chèvre sur un cou de cigogne.

« Ma parole, elle ressemble en effet à une fiole modèle fine-champagne!

« Où diable ce vieux citoyen est-il allé pêcher sa progéniture!

« Je me suis aperçu déjà que le sexe aimable est pas mal disgracieux dans cette tribu, mais je n'aurais pas cru qu'il pût atteindre à cette laideur incomparable.

L'Homme-qui-a-vu-le-Grand-Père, satisfait de l'attitude de ses futurs gendres dont l'ébahissement peut, à la rigueur, passer pour de l'impassibilité indienne, patoise une longue phrase qui fait jeter les hauts cris aux fiancées sans le savoir.

En entendant ces notes discordantes semblant indiquer au moins une protestation, il saisit un bout de piquet de hutte qui traîne à terre et en applique cinq ou six coups qui résonnent sourdement sur les échines des malheureuses.

Cet argument sans réplique arrête soudain les clameurs et fait arriver lestement devant Friquet et André les deux Indiennes, plus craintives et plus ahuries que jamais.

Elles semblent alors prendre un grand parti. Après s'être littéralement aplaties sur le sol, elles empoignent chacune un pied des jeunes gens, se l'appliquent sur la nuque et se relèvent, après avoir ainsi montré qu'elles les considèrent d'ores et déjà comme leurs maîtres absolus.

— J'aurai du mal à me faire à ces coutumes, grogne Friquet franchement révolté.

« Dites donc, m'sieu André, ne trouvez-vous

pas que nous sommes loin des aimables et joyeuses commères de nos amis les Cœurs-d'Alène ?

« Heureusement que j'espère bien ne pas faire de vieux os parmi ces hommes par trop primitifs.

Bien qu'ils ne s'attendissent pas à jouir tout d'abord d'une liberté complète, les deux amis espéraient être au moins en possession d'une indépendance relative. Car ils n'oublient pas que le lendemain, dans la matinée, leur infortuné compagnon allait subir un supplice atroce, et ils pensaient pouvoir utiliser fructueusement, pour sa délivrance, les premières heures de la nuit.

Mais ils avaient, c'est le cas de le dire, compté sans leur hôte. Le rusé vieillard, comme s'il eût soupçonné leur projet, ne consentit, sous aucun prétexte, à les quitter d'un pas. Il s'adjoignit en outre ses trois fils, d'énormes gaillards, dont la stature athlétique justifiait pleinement le nom de leur mère : La Mère-des-Trois-Hommes-Forts, et ceux-ci, pris d'une soudaine tendresse pour leurs futurs beaux-frères, ne pouvaient plus se passer d'eux un seul instant.

Enfin, les voisins, les amis, les parents

allaient et venaient autour de la loge, de façon à soumettre les malheureux Français à une surveillance incessante qui devait rendre toute tentative impossible.

La journée se termina par ces absorptions gloutonnes si chères aux Indiens, qui sont susceptibles d'avaler d'invraisemblables quantités d'aliments solides et liquides.

La nuit arriva, et cette surveillance devint plus étroite encore. La défiance des Peaux-Rouges s'accentua au point qu'une dizaine de guerriers, moins ivres et moins repus, restèrent sans armes autour de la loge.

On festinait de même chez Crâne-Sanglant, et les abords de sa hutte n'étaient pas moins étroitement gardés.

Furieux de ce contretemps, dévorés d'inquiétude, Friquet et André, réduits à l'impuissance, passèrent une nuit d'angoisse, dont les heures cruelles, lentement écoulées, leur enlevaient une à une leurs dernières espérances.

Puis, arriva pour l'Américain l'instant fatal, sans qu'il leur eût été matériellement possible de rien entreprendre pour sa délivrance, tant fut incessante et tyrannique la vigilance de leurs nouveaux et trop implacables amis.

Quant à leur hôte, appréhendant sans doute

quelque défaillance de leur part, ou même quelque tentative désespérée en présence de l'horrible spectacle qui s'apprêtait, il leur fit entendre qu'il serait préférable pour eux de rester à la loge.

A son profond étonnement, ils manifestèrent l'intention formelle d'assister à l'effroyable agonie de leur compagnon.

Le bonhomme essaya, mais en vain, de combattre leur résolution.

— Nous sommes considérés par vous comme étant membres de la tribu, nous devons avoir les mêmes droits que les autres guerriers, répondit en substance André à toutes ses objections.

De guerre lasse, l'Homme-qui-a-vu-le-Grand-Père finit par céder, mais sa défiance s'accentua encore s'il est possible.

Quant aux deux amis, bien qu'ils fussent sans autres armes que chacun un couteau dérobé dans la hutte, ils avaient résolu de tenter à tout prix, au dernier moment, un effort désespéré, dût cet effort leur coûter la vie, si un événement quelconque, de plus en plus improbable, ne venait pas modifier la face des choses.

Bientôt le colonel, extrait par ses gardiens de la hutte de Crâne-Sanglant, apparut entouré d'une foule hurlante, littéralement affolée de fureur.

Très pâle, mais calme comme un homme qui, ayant toujours vécu sous la perpétuelle menace d'une fin semblable, a depuis longtemps pris son parti ; voulant d'ailleurs montrer à ses ennemis qu'ils ne sont pas seuls à endurer intrépidement la souffrance, il s'avance, impassible, les mains attachées derrière le dos, et en gardant sa fière contenance, en dépit des entraves qui gênent sa marche, sans toutefois l'empêcher complètement.

Il ne peut réprimer un brusque tressaillement en reconnaissant ses compagnons au milieu du groupe d'Indiens, et s'adressant plus particulièrement à André, il lui adresse rapidement la parole en anglais, mais en glissant sur certaines syllabes, de façon que les guerriers qui savent quelques mots de cette langue, ne puissent comprendre le sens de sa phrase.

— Merci d'être venus... vous pouvez me rendre un grand service... abréger mes tortures...

« Je vais être attaché au poteau... je servirai de but à leurs carabines... de façon à ne pas être atteint, mais seulement frôlé par les balles...

« Demandez à tirer... ils ne vous refuseront pas...

« Tuez-moi raide !

— Espérez encore, mon pauvre ami, répond d'une voix étranglée André, qui cependant a perdu tout espoir.

Le cow-boy, entraîné violemment par ses bourreaux, disparaît dans la foule, dont les vociférations couvrent ses paroles.

Le lugubre cortège arrive enfin sur le lieu du supplice : un large emplacement découvert au milieu duquel se dresse un solide poteau peint en rouge sombre.

Chose étrange, les Indiens, pour lesquels la torture infligée à un ennemi est d'autant plus agréable qu'elle est plus raffinée et surtout prolongée, semblent avoir hâte d'en finir.

Un des plus pressés est Crâne-Sanglant, le maître des cérémonies, qui, d'après les usages habituels en pareil cas, devrait s'ingénier à faire durer la séance jusqu'aux dernières limites de la résistance que peut offrir à la souffrance l'organisme humain.

Ce n'est pas qu'il puisse appréhender de perdre sa vengeance, puisqu'il la touche du doigt et que rien ne peut sauver son ennemi.

Ne craint-il pas plutôt, comme la tribu ne se

trouve pas sur son territoire, l'arrivée des légitimes propriétaires du sol, les Pendants-d'Oreille, qui, par crainte de représailles américaines, s'opposeraient au supplice.

— C'est fort possible, bien que cette tribu des Pendants-d'Oreille soit des plus pacifiques.

Mais, d'autre part, l'expédition a été si rapidement exécutée, le lieu du campement a été si bien choisi sur un lieu absolument désert, qu'il n'y a guère à envisager la possibilité d'une intervention étrangère.

Quoi qu'il en soit, Crâne-Sanglant active autant que faire se peut les apprêts de la tragédie.

Sans s'amuser, comme on dit, aux bagatelles de la porte, il s'empare du prisonnier, lui arrache ses vêtements, l'allonge brutalement sur le sol, et aidé de quelques bourreaux amateurs, lui attache solidement les jambes et les bras à quatre pieux qui maintiennent les membres écartés.

Il n'est pas le moins du monde question de tir à la cible, soit au fusil, soit au tomahawk, ni d'autres divertissements classiques consistant à prendre pour but le supplicié et à frapper le plus près possible de lui, sans entamer sa chair.

On arrive d'emblée à l'épilogue du drame sauvage, sans que le prisonnier ait subi, pendant de longues heures, l'angoisse de la mort, entendu les balles fracasser le poteau à quelques centimètres de lui, ou senti le frôlement du tomahawk s'enfonçant dans le madrier.

Crâne-Sanglant lui entasse artistement sur la poitrine des brindilles de bois résineux, édifie adroitement un bûcher en miniature qui couvre le corps depuis les épaules jusqu'à la ceinture, puis il bat le briquet, enflamme quelques morceaux de chiffon calciné et met le feu à trois ou quatre points différents.

Les minces copeaux pétillent et s'enflamment avec une légère fumée.

Bientôt, les chairs mordues par les fragments incandescents, crépitent et une écœurante odeur de viande grillée se répand dans l'atmosphère.

Le malheureux Américain, littéralement cuit tout vif, contracte à les briser ses membres coupés par les entraves et laisse échapper un hurlement épouvantable.

Une clameur furieuse étouffe aussitôt sa voix, et les tortionnaires, comme s'ils étaient pris d'un accès de folie subite, se prennent à vociférer et à exécuter autour de lui une ronde diabolique.

Friquet et André, enfermés pour ainsi dire au milieu d'un groupe, n'ont rien vu de cette scène atroce. Mais ils ont entendu le cri d'agonie poussé par leur compagnon.

Sans se dire un mot, sans avoir le temps de concerter un plan d'attaque, seuls contre deux cents, ils se ruent avec une vigueur irrésistible sur ceux qui les entourent.

Cinq ou six Indiens sont culbutés sous cette poussée terrible qui disloque entièrement le cercle.

Telle est la rapidité de l'attaque, que les deux amis ont le temps de s'emparer chacun d'une carabine avant que nul n'ait pu essayer de s'opposer à cette tentative follement héroïque.

— Place! coquins, s'écrie André d'une voix tonnante.

— Arrière! gredins, hurle Friquet de son organe aigu semblable à un glapissement d'oiseau-moqueur.

En dépit de leur vigueur athlétique et des coups prodigieux qu'ils portent, ils ne peuvent réussir pourtant à rompre entièrement la barrière humaine. Incapables de faire usage de leurs armes, ils s'en servent comme de massues et abattent des files entières.

Mais les Indiens, revenus de leur stupeur première, se gettent à leur tour sur eux, les entourent, les pressent et paralysent leurs mouvements.

Ils vont succomber sous le nombre, victimes, hélas! d'un dévouement inutile, quand une brusque panique se répand parmi leurs ennemis.

Friquet et André, interdits eux-mêmes, ont peine à croire le témoignage de leurs sens, en constatant la cause étrange de cet effroi, qui glace les plus enragés.

Il n'y a pas à s'y méprendre.

Une vibrante sonnerie de clairon retentit.

C'est l'enivrante fanfare de la charge !...

Un hourra prolongé, accompagné de cris sauvages, couvre un moment les notes stridentes du cuivre, puis un sourd piétinement de chevaux ébranle le sol de la Prairie.

Le camp tout entier est cerné par des cavaliers arrivant à toute bride, et les deux Français, dégagés en un clin d'œil, aperçoivent, avec une stupeur que l'on peut concevoir, des hommes en uniforme bleu-marine sabrant à toute volée les groupes éperdus.

En même temps, d'autres cavaliers, des Indiens, ceux-là, qui ont pris à revers le campement, massacrent sans pitié les fuyards et complètent ce mouvement enveloppant, accompli avec une ponctualité merveilleuse.

— Les soldats américains!... Les Cœurs-d'Alène!... s'écrient en même temps Friquet et André en s'élançant vers le malheureux cow-boy près duquel ils espèrent arriver à temps.

Les Indiens, en général excellents pour l'attaque, résistent mal à une surprise. Aussi, se voyant cernés de tous côtés, n'ayant plus de chef pour organiser la lutte, assommés par les tomahawks des Cœurs-d'Alène, décimés par les revolvers et les sabres des miliciens, ils ne pensent plus qu'à abandonner le champ de carnage, à sauter sur leurs chevaux et à gagner la Prairie.

Cependant, les deux Français ont pu atteindre l'emplacement sur lequel hurle et se tord le colonel Bill.

Un spectacle affreux s'offre à leurs regards.

Un Indien.— Crâne-Sanglant, probablement —penché sur lui achève de le scalper.

André va l'abattre d'un coup de crosse, mais le chef se relève d'un bond de fauve, évite le coup qui va lui broyer la tête et disparait au milieu du tourbillon des fuyards, en agitant un lambeau sanglant.

Pendant que son ami, encore tout ébranlé de ce coup porté à faux reprend son équilibre, Friquet a écarté d'un revers de main les tisons qui calcinent la poitrine du colonel.

L'infortuné ne donne plus signe de vie.

On s'empresse autour de lui, on enlève ses liens et l'on constate que, à part une large brûlure qui n'a pas eu le temps de désorganiser la couche musculaire, il ne porte au corps aucune trace de blessure.

Malheureusement, son vindicatif ennemi a pu lui enlever sa chevelure, et son crâne, complètement dénudé, apparaît blanchâtre à travers la couche de sang qui ruisselle en nappe des vaisseaux sectionnés par le couteau à scalper.

La tribu est en pleine déroute. Le commandant des cavaliers américains fait sonner la retraite. L'on entend seulement de temps à autre quelques coups de feu isolés. Ce sont les blessés qu'on achève, ou des fuyards traqués à pied dans les herbes. Cette guerre atroce ne comporte pas, hélas! de prisonniers, et l'on rivalise de part et d'autre de férocité.

Pendant qu'on prodigue les soins les plus empressés au pauvre mutilé, les deux Français, retrouvés par leurs amis les Cœurs-d'Alène, serrent avec effusion les mains au « petit » Baptiste, à ses fils Blaise et Gilbert, à tous ces braves gens arrivés si fort à propos pour empêcher une irréparable catastrophe.

Le campement abandonné par les fugitifs est occupé séance tenante par les vainqueurs et des sentinelles sont posées pour empêcher tout retour offensif.

Friquet et André, les héros du jour, apprennent alors comment les Cœurs-d'Alène, aidés des soldats américains, ont pu combiner leurs forces et procéder à cette attaque irrésistible.

Les chasseurs de bisons, ne voyant plus revenir leurs hôtes, comprirent sans peine qu'ils étaient tombés dans une embuscade. Retrouver leurs traces n'était rien pour ces incomparables chercheurs de piste. Abandonnant en conséquence leur battue, ils se mirent incontinent à la poursuite des ravisseurs, en dépit de l'infériorité numérique de leur troupe.

Mais, forcés de suivre pas à pas la trace, ils durent nécessairement perdre un certain temps que leurs ennemis surent d'autant mieux mettre à profit, qu'ils pouvaient marcher à toute vitesse.

Le hasard leur fit rencontrer une cinquantaine

de cavaliers de la milice fédérale qui allaient tenir garnison au fort Okinakane, situé au confluent de la rivière du même nom et de Columbia-River.

Le commandant de la petite troupe, mis au courant de l'affaire par Baptiste, et apprenant qu'un de ses compatriotes se trouvait parmi les prisonniers, s'empressa de modifier légèrement sa route et de se joindre au chef des Indiens civilisés.

On a vu comment leurs efforts combinés avaient réussi à mettre en déroute les bandits de la Prairie.

. . . .

Trois semaines après ces dramatiques événements, Friquet et André, accompagnés d'une vingtaine de Cœurs-d'Alène, bien armés et montés sur leurs chevaux, quittaient la réserve après des adieux touchants aux habitants du village indien.

En avant de la troupe s'avançait le chariot bien approvisionné, portant en outre, sur un épais et moelleux matelas de peaux de bisons, le colonel Bill en pleine convalescence.

Le cow-boy avait survécu, lui aussi, à son épouvantable mutilation, plus douloureuse, d'ailleurs, que dangereuse en elle-même.

Si, en effet, le patient qui a subi cette horrible opération n'était préalablement blessé, puis abandonné sans secours, les cas de guérison seraient infiniment plus nombreux, la seule ablation de la peau de la tête, bien que faite avec une brutalité inouïe, n'intéressant en somme aucun des organes essentiels de la vie.

La plaie que porte Mr. Bill à la tête est en voie de cicatrisation, et si elle contribue à l'enlaidir singulièrement, elle n'aura d'autre suite fâcheuse que cette notable détérioration du physique de l'aventurier.

La guérison de la brûlure, qui a solidement grillé les muscles de la poitrine, s'opère avec plus de lenteur, mais à quelque chose malheur est bon, puisqu'elle a eu pour résultat de faire disparaître une névralgie intercostale fort douloureuse dont souffrait depuis plusieurs années le colonel.

Inutile de dire si sa haine pour les Peaux-Rouges s'est encore accrue, et quelle sanglante revanche il se propose de prendre, le cas échéant.

Le cortège arrive sans encombre à Wallula, et les voyageurs Français se préparent incontinent, après cette courte escale au *Pays des*

Bisons, à rallier le yacht l'*Antilope Bleue* qui doit les ramener en Europe par le chemin des écoliers.

Le colonel, qui s'est pris pour eux d'une vive sympathie, ne voit pas sans peine s'exécuter les apprêts du départ et insiste, mais en vain, pour leur faire attendre sa guérison, afin de courir ensemble de nouvelles aventures dans le Far-West.

Friquet, de son côté, l'engage, sans grand succès, et malgré des raisons péremptoires, à renoncer à cette existence périlleuse.

— Voyez-vous, colonel, lui dit après une dernière poignée de main le Parisien, il pourrait encore vous arriver bien pis.

« A votre place, je me contenterais du moxa appliqué par mon vieil ennemi, et je porterais perruque.

« Aussitôt arrivé à Paris, je m'empresserai de vous commander un scalp tout neuf à un artiste capillaire en renom et je vous expédierai le plus tôt possible cette œuvre d'art.

« Et si jamais vous rencontrez Crâne-Sanglant, contentez-vous pour toute vengeance de lui montrer votre nouveau toupet.

« Je vous promets un joli succès.

« Allons, c'est entendu, n'est-ce pas, faites votre paix avec cet irascible Peau-Rouge.

« Car, enfin, vous ne pouvez plus, avec des crânes ainsi dépouillés et nonobstant la meilleure volonté, essayer de vous chercher mutuellement des p...arasites dans les cheveux !

FIN

TABLE DES MATIÈRES

CHAPITRE PREMIER

Conséquences probables du meurtre d'un Peau-Rouge. — Chasseurs de bisons devenus gibier. — Le « colonel » Bill. — Au galop! — Colonel et vacher tout à la fois. — Ce que c'est qu'un *cow-boy*. — La vie des pionniers d'avant-garde. — Chevaux sans cavaliers. — Friquet ouvre l'œil et passe capitaine. — Le Gamin de Paris refuse les honneurs et veut rester Monsieur Friquet. — Mais André ne peut s'empêcher de devenir major. — Le nouvel armement des Indiens de l'Ouest Américain. — Horrible spectacle. . 1

CHAPITRE II

Massacre. — Oraison funèbre. — Antagonisme des rouges et des blancs. — Anéantissement ou absorption des Indiens — Après le pillage. — La « Réserve » des Cœurs-d'Alène. — L'herbe aux buffalos. — Incendie dans la Prairie. — — Entre le danger d'être brûlés vifs, ou attachés au poteau de tortures. — Palouse-River. — Cernés à droite. — Escarmouche et chute d'un cheval blanc. — Cernés à gauche. — Cernés derrière. — André reprend le commandement. — Friquet arrose trois couvertures et les coupe en deux. — André passe général au choix. — A travers les flammes. 19

CHAPITRE III

A travers l'Océan Pacifique. — San-Francisco. — Effet produit par deux Français voyageant pour leur plaisir. — Les splendeurs de l'Annonce américaine. — Le North-Western-Railroad. — Les Indiens Cœurs-d'Alène. — Premier itinéraire. — La Grande Plaine de la rivière Columbia. — Portland. — Comme quoi tout n'est pas toujours pour le mieux dans certaines villes de la libre Amérique. — Révélations à propos de la petite ville de Tucannor. — Les « Pullman-Car ». — Sur la rive gauche de Columbia-River. — Les Dalles. — Dans la Prairie. 37

CHAPITRE IV

Chemin de fer de l'avenir. — A Wallula. — Les *saloons*. — Nourriture atroce et mélanges incohérents. — Le dîner d'un clergyman. — En quête de montures. — Singulières préférences accordées par les petits hommes aux personnes de grande taille et aux objets volumineux. — Le cheval de Friquet. — Friquet refuse l'aide d'un inconnu pour monter sur son cheval géant. — Conséquences dramatiques de ce refus. — Lutte émouvante, mais courte. — Comment un colonel Kentuckien de six pieds de haut est rossé par un Parisien qui n'en a que cinq. — Tout est bien qui finit de même 55

CHAPITRE V

Mr. Bill un peu plus colonel que son compère. — Un épisode de la guerre de la sécession. — Grandeur et décadence de deux chefs de corps. — En route pour le pays des Bisons. — Première étape. — Rencontre avec les Indiens. — Désillusion d'un Parisien qui croyait trouver encore les Peaux-Rouges des auteurs. — On scalpe toujours. — Les appréhensions du colonel Bill. — Précautions que rien ne semble justifier. — Troisième et quatrième étape. — Traces de bisons. — Sur la piste. — Friquet en sentinelle s'endort. — Seconde troupe d'Indiens. — Trahison. 74

CHAPITRE VI

Poignante alternative. — A travers les flammes. — Sauvés ! — Friquet eût été désespéré de finir comme un quarteron de marrons. — La réserve des Cœurs-d'Alène. — Contraste. — Indiens laboureurs. — La paix armée. — B'jou !... B'jou !... — Les « petits gars » du père Baptiste. — Le vieux patois franco-canadien. — Le village. — L'école. — Le curé maître d'école. — Instruction gratuite et obligatoire !... — A la maison. — Dîner improvisé. — On chassera le buffalo. — La veille d'une ouverture de chasse... au pays des Bisons. 96

CHAPITRE VII

Réveil. — Déjeuner matinal. — Le père Baptiste. — Conséquences de l'inondation du lac Winnipeg. — Désastre. — Les anciens Cœurs-d'Alène. — En pleine barbarie. — Vaillants efforts. — Commencements de la civilisation. — Origines de toutes les guerres entre Blancs et Peaux-Rouges. — Misère. — Malversations des Agents des réserves indiennes. — Un révolté. — Sitting-Bull le grand chef des Sioux. — Épouvantable épilogue de la bataille de White-Mountain. — Les Indiens au Canada. — Le descendant d'un héros de Cooper notaire à Québec. . . 114

CHAPITRE VIII

Nouveaux étonnements des voyageurs. — Les Indiens d'aujourd'hui. — A propos de scalp. — Pourquoi certains blancs pratiquent cette affreuse mutilation. — La monnaie courante des cow-boys. — Surprise. — Le chariot retrouvé. — Inventaire. — Richesses inespérées. — L'armement et l'approvisionnement intacts. — Le wisky. — Ce que André entend par fusiller des factieux. — Départ. — Les mauvaises terres. — La prairie de fleurs. — Réflexions d'un homme pratique. — La plaine de sauge. — Les Bisons sont là ! 134

CHAPITRE IX

Le bison. — Sa destruction prochaine. — Voyageur et non pas migrateur. — Trains bloqués par des troupeaux de bisons. — Usages de sa peau. — En chasse. — Manœuvre. — Poursuite. — Course folle. — Escarmouches. — Témérité des Indiens. — Friquet chargé par un taureau. — Premier coup. — La balle Express. — Le Gamin de Paris foudroie le bison et passe commandant. — Trophée. — « A moi le pompon ». — Mêlée générale. — Massacre. — Exploits d'André. — Coup double. — A demain. 152

CHAPITRE X

Après la chasse. — Tous bouchers. — Les mécomptes d'un novice. — Difficultés éprouvées par Friquet pour dépouiller un bison. — Ce qu'on entend par *corne verte*. — Conseils pratiques d'un vieux chasseur. — Le boudin des prairies. — Comment on prépare une « robe » de bison. — Friquet prétend s'être amusé comme une douzaine de bienheureux. — Campement et retour d'un chasseur isolé. — Inquiétudes d'un homme peu impressionnable. — La piste d'un cheval qui marche l'amble 171

CHAPITRE XI

Les jours se suivent et ne se ressemblent pas. — Singulière disparition des bisons. — Nouvelles manœuvres. — Friquet seul dans la prairie, livré à ses réflexions. — Surprise désagréable. — Cheval et cavalier par terre. — Lutte courte, mais décisive. — Quatre Indiens insoumis. — Pris au lasso. — Le mystère ne s'éclaircit pas. — Est-ce une prise d'armes générale ou un fait isolé de violence ? — Au bord de la rivière. — La halte des Indiens. — Les trois prisonniers. — Le Scalpeur-Blanc !... — Le Crâne-Sanglant! 188

CHAPITRE XII

Yankees et Peaux-Rouges. — La guerre au Colorado. — Sioux, Cheyennes et Arrapahoes. — Contre l'ennemi commun. — Guerre de partisans. — Le massacre de Sand-Creek. — Horreurs commises par les Américains. — Les scalpeurs blancs. — Première rencontre du colonel Bill et de Crâne-Sanglant. — Atroces représailles. — Trois ans de lutte. — La paix avec les cinq nations du Sud. — Deux ennemis qui ne désarment pas. — La contre-partie du massacre de Sand-Creek. — Une haine de seize ans! . . 208

CHAPITRE XIII

Les Indiens derrière le masque. — Lugubres pressentiments du colonel. — Friquet a faim. — Comment le Gamin de

Paris fait la conquête d'un vieux sauvage. — Les affaires du cow-boy semblent se gâter de plus en plus. — Conséquences d'un saut périlleux. — Boniment. — Appel aux gymnastes. — Le saut des chevaux. — Victoire de Friquet. — Formidable poignée de main. — Pourquoi Friquet hérite du pseudonyme de Bras-de-Fer. — Nouvelles appréhensions. — On ne gagne rien avec les Peaux-Rouges . . . 226

CHAPITRE XIV

Considération des Indiens pour la vigueur et l'agilité du corps. — Friquet ne veut pas bénéficier de la situation si André n'est pas traité comme lui. — En route vers le Nord, puis vers l'Est. — Nouveau campement. — Le chien indien et son maître. — Loges ou wigwams. — Réception peu hospitalière. — Comment Crâne-Sanglant fait cesser les syncopes. — Sous la hutte du chef. — Friquet dit Bras-de-Fer apprend qu'il est un grand guerrier. — Projets d'évasion. — Comment Crâne-Sanglant a pu opérer la capture des trois compagnons 244

CHAPITRE XV

Sous la hutte indienne. — La Mère-des-Trois-Hommes-Forts tient sa promesse. — Cortège. — La loge du conseil. - Les sept chefs. — Accoutrement des membres de l'assemblée. — Des chapeaux et encore des chapeaux. — Cacophonie. — Cérémonial. — Castor-Aveugle, le Grand chef. — Crâne-Sanglant accusateur public. — Lugubre exhibition. — Justice!... — Petit cadeau qui a bien son prix. — Échange projeté de chevelures. — Condamnation du colonel. — Crâne-Sanglant veut absolument trois victimes. — Réplique de Friquet 263

CHAPITRE XVI

Les affaires se gâtent de plus en plus. — Crâne-Sanglant ne veut pas lâcher sa proie. — La défense d'André. — Les Français au Canada. — Amitié des anciens colons et des Indiens. — Réplique. — Éloquence inutile. — Condamnés à mort ! — Reprise des projets d'évasion. — Un ci-devant médium. — Souvenir à l'armoire des frères Davenport. — Surprise. — Ce que Friquet appelle un examen de capacité. — Les exploits d'un tireur. — Un cavalier comme on en voit peu. — Enthousiasme. — Friquet et André reçoivent la proposition d'être naturalisés Indiens 283

CHAPITRE XVII

Friquet ne veut pas devenir le gendre de l'Homme-qui-a-vu-le-Grand-Père. — Présentation. — Les fiancées. — Jument-Jaune et Bouteille-de-Wisky. — Arguments paternels. — Étroite surveillance. — Apprêts du supplice. — Impossibilité d'intervenir. — Résolution héroïque et folle. — Vengeance de Crâne-Sanglant. — Le supplice du feu. — Lutte. — Deux contre deux cents ! — Sonnerie de clairon. — Cavaliers américains. — Les Cœurs-d'Alène. — La peine du talion. — Retour. — Il faut porter perruque. . . 304

FIN DE LA TABLE DES MATIÈRES

ÉMILE COLIN. — IMPRIMERIE DE LAGNY.

www.ingramcontent.com/pod-product-compliance
Lightning Source LLC
Chambersburg PA
CBHW060457170426
43199CB00011B/1241